U0689868

信息化背景下教育管理研究

梁瑾 著

中国纺织出版社有限公司

内 容 提 要

本书主要以高校教育管理工作为研究对象,以信息化为背景,首先对教育信息化与教育管理进行了概述,其次系统分析了教育管理信息化的现状及难点、热点,然后对教育管理及其信息化建设进行了研究,最后论述了我国教育管理信息化存在的问题、完善我国教育管理信息化建设的对策和建议以及如何构建教育管理信息化新模式。

本书可作为高等院校师范专业相关课程教材,也可供相关研究者和从业人员学习参考。

图书在版编目(CIP)数据

信息化背景下教育管理研究 / 梁瑾著. --北京:
中国纺织出版社有限公司, 2022.11
ISBN 978-7-5229-0162-6

Ⅰ. ①信… Ⅱ. ①梁… Ⅲ. ①教学管理-研究 Ⅳ.
①G42

中国版本图书馆 CIP 数据核字(2022)第241792号

特约编辑:苏燕羽　　责任编辑:柳华君

责任校对:高　涵　　责任印制:储志伟

中国纺织出版社有限公司出版发行
地址:北京市朝阳区百子湾东里 A407 号楼　邮政编码:100124
销售电话:010—67004422　传真:010—87155801
http://www.c-textilep.com
中国纺织出版社天猫旗舰店
官方微博 http://weibo.com/2119887771
北京虎彩文化传播有限公司印刷　各地新华书店经销
2022 年 11 月第 1 版第 1 次印刷
开本:710×1000　1/16　印张:11.625
字数:175 千字　定价:98.00 元

凡购本书,如有缺页、倒页、脱页,由本社图书营销中心调换

PREFACE
前言

近年来,随着信息技术的发展和应用,世界逐步进入网络化、信息化时代,既给各行各业带来了根本性变革,也给教育领域带来了前所未有的机遇和挑战。教育管理在学校管理工作中处于核心地位,贯穿于教学工作的各个阶段,帮助学校教学实现资源最佳配置,科学安排教学计划,使教学工作顺利进行。教育管理工作可以发挥培养优秀人才的重要作用,促进教育发展,提高教育水平。在当今社会创新发展的格局下,高校教育管理的创新已成必然。

本书共分为七章。第一章为教育信息化概述,介绍了教育信息化的概念、特征、要素、影响、意义以及发展趋势。第二章为教育管理概述,包括教育管理的本质任务、内容体系、原则、重点及意义。第三章主要介绍了教育管理信息化的现状及难点、热点。第四章对教育管理及其信息化建设进行了研究。第五至第七章分别为我国教育管理信息化存在的问题、提出的对策和建议以及如何构建教育管理信息化新模式。

本书在编写过程中参阅了相关文献资料,在此,对其作者表示衷心的感谢。由于笔者水平有限,书中难免存在缺漏之处,敬请广大读者批评指正。

著　者

2022 年 6 月

CONTENTS
目录

第一章

教育信息化概述

第一节　教育信息化的概念

一、教育信息化的历史演进

教育信息化作为国家信息化在学校教育中的体现,是随着信息技术的快速发展与广泛普及而提出的。1993 年,美国政府首先提出了"国家信息基础设施建设计划",即"信息高速公路"计划。该计划明确指出了美国信息基础设施建设的总体目标,标志着美国国家信息基础设施计划正式启动,同时强调了信息技术在教育中的应用。从此,信息技术进入美国学校教育的步伐迅速加快。美国的这一举措也引起了世界各地的积极响应,各国政府纷纷制订推进本国教育信息化的计划。美国"信息高速公路"计划也因此成为教育信息化的开端。到目前为止,教育信息化大致经历了以下几个阶段。

(一)教育信息化的起步阶段——注重基础设施建设

从 20 世纪 90 年代初到 90 年代末是教育信息化发展的起步阶段。这一阶段的主要特点是关注教育信息化所需的软件、硬件基础设施建设,包括多媒体教室、校园网、区域教育网及国家教育网等。1995 年,英国政府提出了"教育高速公路:前进之路"计划。该计划尝试将全国 32 000 所中学、540 所大学、4 300 座图书馆和 360 家学术机构联网,并让每所中小学都拥有先进的计算机和各项教学软件。1996 年,美国克林顿政府制订了第一个国家教育技术计划,指出将信息时代的威力带进美国的所有学校,要求到 2000 年使每间教室和图书馆都能够联通国际互联网,确保每个儿童都能够用上现代多媒体计算机。我国国家教育委员会也在 1996 年发布了《中小学计算机教育五年纲要(1996－2000年)》,其中明确了到 2000 年我国中小学计算机教育发展的目标,并分别对城市和县镇各级学校的计算机配置比例做出了具体规定。总体来说,这一阶段的教育信息化主要强调基础设施的建设,而对其在课堂教学中的应用研究还相对较少。

(二)教育信息化的初步发展阶段——关注信息技术在教育中的应用

从 20 世纪 90 年代后期开始,人们关注的焦点逐渐从软件、硬件基础设施的建设转向对信息技术支持教育教学的探索,包括学校教育、教学、行政管理等平台的建立及各类教育资源的开发。在这一阶段的初步发展后,人们逐渐意识到要实现教育信息化的健康稳定快速发展,关键是要真正发挥其促进教学环境改进与教学质量提升的作用。因此,越来越多的人开始探索信息技术与课程整合的模式,以期为信息技术在教育中的应用提供理论支持。1995 年,美国圣地亚哥州立大学的伯尼·道格和汤姆·马奇首先创立了 WebQuest 课程,并得到了很大范围的推广。随后,又有学者提出了实时教学模式,以期发挥学习者的主体地位,并提高他们的自主学习能力。然而,这两者都属于信息技术在课前或课后的应用,属于课外教学模式,并没有对信息技术在课堂教学中的应用带来很大的改观。可以说,在这一阶段,人们已经开始探索应用信息技术改善教学和学习效果的方法,但尚未实现其与课堂教学的有效整合。

(三)教育信息化的快速推进阶段——信息技术与课程整合

进入 21 世纪以后,人们逐渐意识到,要深入推进教育信息化,充分发挥信息技术对教与学的促进作用,就应该将信息技术与教学的课外整合转变为课内整合,即实现信息技术与课堂教学和学科课程的有机整合。2003 年秋,美国国家科学基金会启动了"运用信息技术加强理科学习"项目,目的是通过理科课程设计、教师培训、评估和信息技术支持等方面的努力来促进信息技术与理科教学的有机整合,以提高学生的理科学习成绩,最终达到利用信息技术促进理科教学的目的。以 TELS 项目为代表的信息技术与课程整合活动将 WebQuest 这种基于网络的探究性学习引入课堂教学,实现了学生学科基础知识学习与自主学习能力、创新能力、问题解决能力提升的有机结合,对提高课堂教学质量并促进学生全面发展具有重要的意义。这一阶段将关注的焦点从信息技术与课外学习的整合转向信息技术与课堂教学的整合,并实现了课外整合与课堂教学的有机结合,推动了教育信息化的快速发展。

(四)教育信息化的未来发展趋势——深度有效融合与创新应用

目前,信息技术与课程的整合尚处于初级阶段,即信息技术在教育教学中流于一般的技术应用,并没有实现与教育教学的深度有效融合,然而,要体现信息技术对学校教育的革命性影响,不应该仅仅将其局限于为教育教学提供新的技术支持和资源拓展,更要推动教育模式与教学方法的变革,为教育发展带来新的理念和动力。联合国教科文组织将教育信息化的过程分为起步、应用、融合和创新四个阶段。目前,我们已经实现了信息技术在课堂教学中的应用及其与学科课程的初步整合,未来应该更加关注信息技术与学科课程的深度有效融合与创新发展,也就是说,未来教育信息化的发展趋势为将信息技术深度有效地融入教育教学的全过程,并利用现代信息技术构建新型学习环境、创新教学模式与方法,实现以知识传授为主的教学方式向以能力与素质培养为主的教学方式转变。

二、教育信息化的基本理念

自 20 世纪中叶以来,以电子计算机和通信技术为代表的现代信息技术的出现带来了"信息技术革命",它使当今世界发生了人类有史以来最为迅速、广泛、深刻的变化,促使人类社会迅速进入了信息化时代。信息技术的飞速发展,对社会的各个领域都产生了巨大影响,其在教育中的应用也引起了教育教学的深刻变革,信息化教育就是随着"信息高速公路"的发展被提出来的,它是以现代信息技术在教育教学中的广泛应用为特征的新的教育形态,是教育适应信息社会发展的必然结果。

教育信息化是信息化教育的主体和核心,是与传统教学相对而言的一种教学形式,注重现代教学媒体在教育中的应用。

所谓教育信息化,就是指教育者和学习者借助现代教育媒体、教育信息资源和方法进行的双边活动。它既是师生运用现代教育媒体进行的教学活动,也是基于信息技术在师生间开展的教学活动。

教育信息化是与传统教学相对而言的现代教学的一种表现形态，是在现代教学理念的指导下，重视现代信息技术，如现代网络技术、计算机及多媒体技术、卫星通信技术等在教学中的作用，充分利用现代教育技术手段，应用现代教学方法，调动多种教学媒体、信息资源，构建良好的教学与学习环境，并在教师组织和指导下，充分发挥学生的主动性、积极性和创造性，使学生能够真正成为知识、信息的主动建构者，从而达到良好的教学效果。

在教育信息化中，教师利用多样化的教学环境、丰富的教学资源，在先进教学理念的指导下组织教学内容，设计并开展形式多样的教学活动。学生则在信息化环境中利用丰富的资源和多样化的交互工具开展合作学习、探究学习，主动对知识进行意义建构，从而促进个人的全面发展。

现代教学理念是随着现代教学理论的发展而出现的，是"以人为本、以学生为本"的教学理念。主要表现在以下几个方面。

（一）强调学生的主体地位

传统教学以教师的"教"为中心，教师是教学活动的主体。建构主义学习理论认为，学生是教学活动的积极参与者和知识的建构者，教学应当以学生的"学"为主要任务，学生是教学过程的主体，一切教学活动都要围绕学生的"学"来展开。在现代教学中，学生是具体的、活生生的、有丰富个性的、不断发展的认识主体，是具有主观能动性的独立个体和群体。教学是学生在教师的指导下，有目的地去获取对客观世界认识的知识，发展社会适应性的能动过程。学生的主体性在教学过程中具体表现为：自主性、主动性和创造性。

（二）由强调知识的积累和技能的训练向学生主动建构转变

建构主义学习理论认为，知识不是通过教师传授得到的，而是学习者在一定的情境，即利用必要的学习资料，通过意义建构的方式而获得的。因此，近年来，学习者由过去被动地接受知识向主动建构知识的方向转变。

（三）学生改变以往接受式的学习，转变为自主、探究、合作式的学习

新课改明确指出，要改变课程实施过程中过于强调接受式学习、死记硬背

和机械训练的现状,倡导学生主动参与、乐于探究、勤于动手,培养学生搜集和处理信息的能力、获取新知识的能力、分析和解决问题的能力以及交流与合作的能力。因此,教师应当首先改变以往的教学方式,运用教育信息化方式,培养学生自主学习、探究学习、合作学习的能力。其次,要从各方面培养学生主动探究、合作学习的意识,让学生意识到只有积极主动地学习才能适应信息化社会的需求。

(四)强调活动的重要性

传统的教学活动主要是知识的"授受"活动。现代的教学活动观念要求在教学中充分认识到活动的重要性和多样性,教师要为学生设计多种性质的活动,组织学生在活动中进行不同形式的学习,充分发挥学生的主动性、自觉性,培养学生的创新意识、创新精神和创新能力,促使学生的知识、能力和个性全面发展。

(五)强调学生的主观能动性

在教学过程中,要激发学生学习兴趣、探究的激情,尊重学生的个性和特长,注重学生在学习中的积极参与性,最大限度地挖掘学生的潜能。

教师应当利用多媒体技术有效地激发学生的学习兴趣,利用多样化的教学方式促进学生积极主动地对知识进行自主探究。

(六)强调师生积极主动地互动交流

多样的师生互动交流,有助于缩短师生的心理距离,增强学生的学习兴趣,有助于学生在学习中共享生活经验,完善知识结构,促进社会性学习,发展社会性素质。对于教师来说,师生之间的互动交流可以使教师放下权威的架子,与学生之间进行平等交往,有助于教师与学生相互学习,共同提高。

在现代教育理念的指引下,出现了许多新的教学方法,其中,比较典型的有基于问题的教学法、启发式教学法、发现式教学法、探究式教学法和案例教学法等。

三、教育信息化与传统教育的差异

教育信息化与传统教育没有本质的区别,它也是教师的教和学生的学的双向共同活动。但是信息技术的出现和多媒体在教学中的大量应用,使得教育信息化在教育手段、教育资源、教育环境以及教育模式等方面有了新的变化,并与传统教育相比有了很大的差异。

(一)教育手段的差异

从广义来讲,教育手段就是为了实现预期教育目的,教师和学生用来进行教学活动,作用于对象的信息的、精神的、物质的形态和力量的总和。在这里教育手段主要表现为某种具体的教育媒体。传统的教育媒体主要有黑板、教科书、标本、模型和图表等。因此,传统的教育手段是指教师针对教育内容,运用简单的媒体,单向传播教育信息的方式。教育信息化手段主要是随着多媒体技术在教学中的应用,教师将原来以教材形式存在的各种文字、图像、数据、表格转化为数字化的教育资源,利用多媒体呈现的方式进行教学,同时,多媒体资源也能够快速方便地通过网络传递、共享,提高教学效率。传统教育手段与教育信息化手段的差异见表1-1。

表1-1　传统教育手段与教育信息化手段的差异

项目	传统教育手段	教育信息化手段
表现形式	单一化	多样化
媒体特征	传统媒体	多媒体
讲授方式	灌输式的讲授	交互式指导
信息传递	单向传递	双向、多向传递

传统教育的形式单一,主要以课堂教育为主。教师传授知识、学生接受知识是主要的教育活动;教育信息化的形式多样化,在各种类型的教学环境中开展多样化的教学,如自主学习、协作学习和探究学习等。传统教育主要借助单一化的媒体开展教学活动,教学媒体承载教学信息的能力有限,传递教育信息的功能比较简单、机械。

教育信息化手段具有丰富的教育功能,通过大屏幕投影清晰地传授知识,通过网络开展小组讨论、师生答疑、作业提交、网上学习和测试等,加强了师生之间的交流,培养了学生的自主学习能力。教育信息化能够提高学习效果,信息化手段集声音、图像、文字等多种信息于一体,最大限度地满足了学生视听等感官需求,激发了学生的学习兴趣。

传统教育大多数采用灌输式的讲授方式,教学信息是从教师到学生的单向传递,没有考虑到每个学生的特点,不能做到"因材施教",从而使教学过程比较枯燥乏味,不利于学生认知能力的发展。教育信息化采用的讲授方式是交互式指导,教师与学生之间互动交流,教育信息可以双向或多向传递,既可以从教师到学生,也可以从学生到教师,从而使师生之间形成平等的地位,有利于教学活动的有效实施。同时,教育信息化具有直观性,它可以使形、声、色浑然一体,把一些传统教学手段无法表现的复杂的过程、一些不易观察和捕捉的现象、一些无法现场呈现的场景,都真实、鲜活地呈现在课堂上,创设生动、形象和具有强烈感染力的情境,从而调动学生学习的积极性,使学生能更好地掌握知识,提高教学效果。

尽管传统教育手段和教育信息化手段有一定差别,但是它们都各自有优点,在教学过程中,我们要相互补充、取长补短,将传统教育手段与教育信息化手段结合起来,实现优势互补,从而最大限度地提高教学质量。

(二)教育资源的差异

教育资源是支持整个教学过程达到一定的教学目的,实现一定教学功能的各种资源的总和,是教学系统中的一切物化资源和非物化资源的总和,主要包括教学资料、支持系统和教学环境等。传统教育资源与教育信息化资源的差异见表1-2。

表 1-2　传统教育资源与教育信息化资源的差异

项目	传统教育资源	教育信息化资源
教学材料	教科书、挂图、教学器具、课件、教学电视等	数字化素材、教学软件、补充材料等
支持系统	教师和同伴对学习者的指导与帮助	现代媒体和学习工具对教与学过程的参与,网络信息对学习内容的补充
教学环境	以教室为主,以课堂教学为主要教学形式	以信息技术的应用为特征,形成多样化的教学环境和教学形式

教学材料蕴含了大量的教育信息,是能创造出一定教育价值的各类信息资源,传统教学材料包括教科书、挂图、教学器具、课件和教学电视等。教育信息化材料指的是以数字形态存在的教学材料,包括学生和教师在学习与教学过程

中所需要的各种数字化的素材、教学软件和补充材料等,具体形式有文本、图形、图像、音频和视频等素材类教学资源,虚拟实验室、教育游戏类、电子期刊类、教学模拟类和教育专题网站等集成型教学资源以及网络课程。

支持系统主要指支持教师有效开展教学活动以及学习者有效学习的内外部条件,包括学习能量的支持、设备的支持、信息的支持和人员的支持等。传统的支持系统主要是指教师和同伴对学习者学习的指导与帮助,以及工具书对学习者学习的帮助等。教育信息化资源的支持系统主要指现代媒体和学习工具对教与学过程的参与,以及海量的网络信息对学习内容的补充等。

教学环境不只是指教学过程发生的地点,更重要的是指学习者与教学材料、支持系统之间在进行交流过程中所形成的氛围。传统的教学环境以教室为主,以课堂教学作为主要教学形式。教育信息化教学环境以信息技术的应用为特征,包括校园网、多媒体教室、电子网络教室、电子阅览室、语音实验室和网络教学平台等,教师可以利用多样化的教学环境开展课堂教学,组织学生协作学习、探究学习,指导学生自主学习。

(三)教育模式的差异

教育模式是依据教育思想和教育规律而形成的在教学过程中比较稳固的教学程序及其方法的策略体系。它包括教学过程中诸要素的组合方式、教学程序及其相应的策略等。传统教育模式与教育信息化模式的差异见表1-3。

表1-3 传统教育模式与教育信息化模式的差异

项目	传统教育模式	教育信息化模式
教师的地位	知识的灌输者	学习的指导者、帮助者
学生的地位	被动的接受者	主动构建知识者
媒体的作用	教师向学生传授知识的工具	教师教的工具、学生学的工具以及交互工具
教学内容的主要来源	课本、辅助教材	课本、辅助教材、网络资源

在传统教育模式中教师是知识的主动施教者,学生是被动接受的对象,媒体是辅助教师向学生传授知识的工具,作为认知主体的学生在整个教学过程中处于被动的地位,受到一定程度的限制。这种模式的优点是有利于教师主导作用的发挥,有利于教师对课堂教学的组织、管理与控制;但它存在一个很大的缺

陷,就是忽略了学生的主动性、创造性,不能很好地体现学生的认知主体作用。不难想象,作为认知主体的学生如果在整个教学过程中处于比较被动的地位,肯定难以达到比较理想的教学效果,更难以培养出创造型人才。

随着现代信息技术在教育领域的应用,特别是网络教学的广泛应用,师生都处于一个信息来源极为丰富和多样的环境中,两者获得信息的机会是均等的。教师不再以信息的传播者或组织良好知识体系的呈现者出现,而由原来处于中心地位的知识权威转变为学生学习的指导者和合作伙伴。学生的学习不再是被动接收信息刺激的过程,而是主动构建知识意义的过程。这需要学习者根据自己的知识背景,对外部进行主动选择、加工和处理,从而获得知识。因此,教育信息化模式是根据现代教学环境中信息的传递方式和学生对知识信息加工的心理过程,充分利用现代教育技术手段(主要指多媒体计算机、教学网络、校园网和因特网)的支持,调动尽可能多的教学媒体、信息资源,构建一个良好的学习环境,在教师的组织和指导下,充分发挥学生的主动性、积极性和创造性,使学生能够真正成为知识信息的主动建构者,从而达到良好的教学效果。在这种模式下,教师成为课堂教学的组织者、指导者,学生建构意义的帮助者、促进者,而不是知识的灌输者和课堂的主宰者。

总之,知识不能通过教师简单地传递给学生,而需要学生自己与学习环境进行交互从而完成知识建构,这种建构无法由他人替代。教育不仅是进行知识的传递,还进行知识的处理和转换,教育由向学生传递知识转变为发展学生的能力、培养学生的主体意识、个性、创造性和实践能力,在教学过程中应关注动机的激发和维持,以及提供学生自主学习的工具性支持。

第二节　教育信息化的特征和要素

一、教育信息化的特征

进入 21 世纪,信息化时代的主要特征便是数字化、网络化,教育作为社会系统的子系统,在信息技术和网络技术高速发展的推动下,教育系统既具有一些类似于信息时代的特征,也具有一些自己的特点。关于教育信息化的基本特征,有多种不同的认识,南国农教授认为大致可以归纳概括为"五化三性"。五化是指教育信息显示多媒化、教育信息处理数字化、教育信息存储光盘化、教育信息传输网络化、教育信息管理智能化。三性是指开放性,即它能超越时空,使教育向所有需要和愿意学习的人开放,并实现资源共享;非线性,即它的学习内容和方式都打破了传统的线性框框,在电子课本和网上教材中,知识间的联结不再是线性的,而是网状的、发散的、板块的,可以有多种组合和检索方式,它是一个因人施教的系统,照顾着每个学习者的需求;交互性,即它能实现人—机的双向沟通和人—人的远距离交互学习,促进教师与学生、学生与学生、学生与其他人之间的多向交流。

祝智庭教授则认为,对于教育信息化的特征,可以从技术层面和教育层面加以考察。信息时代的主要特征是数字化、网络化。教育作为社会系统的子系统,在信息化和网络技术高速发展的推动下,教育系统完全突破了国家的界限,实现了教育交流的无国界性,即教育资源全球化、网络化。与此同时,多样化、开放化也是教育信息化这一社会过程与生俱来的特征。我们认为,教育信息化究其本质就是在教育领域运用现代信息技术,所以,可以从教育层面和技术层面两个方面的特征来概括教育信息化的特征。从教育层面来看,教育信息化的基本特征是数字化、网络化、智能化、共享化、多媒体化、自动化和虚拟化;从技术层面来看,教育信息化的基本特征是开放性、共享性、交互性、协作性、自主性和多样性。

(一)教育层面的特征

1.数字化

数字化是指教学手段、教学内容和教学方法更多地采用数字化的方法和内容。信息时代又被称为数字时代,电子计算机的发明彻底改造了生活的方方面面。各种传统信息传递方式及传统信息承载体已经越来越多地被数字信息方式和数字资源所替代,这在教育领域表现得越发明显。数字化使教育信息技术系统的设备简单、性能可靠和标准统一,这些都为构建学习型社会奠定了良好的基础。数字化的电子教科书、参考书、图书馆数字电子资源和教育数据库等广泛应用,使教育内容日益丰富多彩,使用效益得到很大的提高。

2.网络化

网络化是指传统的面对面教学模式越来越多地被网络教学模式所替代,信息资源可共享,活动时空更少限制。信息网络是 21 世纪发展最迅猛的信息技术,也是对教育领域改变和影响最大的信息技术。网络化具体是指传统的面对面教学模式可以被网络教学、虚拟教学所替代,它完全突破了时间和空间的限制,可最大限度地调动一切可以利用的资源为教育服务。教育空间网络化的发展使全球通信在一瞬间完成,极大地拓展了教育的时间和空间,"多媒体大学""虚拟大学"迅速发展。

3. 智能化

教育技术智能化是指为实现教育的功能和目标所采用的技能、手段和工具已经越来越发达,甚至接近人工智能。现代信息技术广泛应用于教育领域,工具的智能化能极大推进教育效率和效果的双重优化,是加速信息化、提高其智能化水平的直接动力。教育领域智能化,使各种先进系统能帮助人们实现教学行为人性化、人机通信自然化、繁杂任务代理化等。

4. 共享化

共享化是指随着信息技术的发展,各种技术和资源在教育领域被越来越多地、越来越容易地分享与共享。利用已建成的各种通信基础设施,各种局域信息网络,特别是互联网,将全世界的教育资源已经连成一个信息海洋,供广大教育者和学习者随时随地共享使用,打破了过去教育资源各种形式的封闭和垄断,使全球教育资源的共享化程度大大地提高了,从而不仅有利于全球教育资源的充分利用与质量和效益的极大提高,而且有利于缩小国家和地区之间教育发展的差距。

5. 多媒体化

多媒体化是指传统的教学手段日益被丰富多彩的多重感官共同刺激的新式教学手段所替代。在教学的各个环节,都越来越多地凸显媒体化。在教学中更多地利用超媒体技术,使教学内容更具动态化、形象化,越来越多的教材和工具书不但包含文字和图形,还能呈现声音、动画、录像甚至模拟的三维立体景象。

6. 自动化

管理自动化就是利用计算机管理教学的全过程,目前已经投入利用的包括计算机化测试与评分、学习问题诊断、学习任务分配等功能。通过为学生建立电子学档,其中包含学生身份信息、活动记录、评价信息、电子作品等,可以支持教学评价的改革,实现面向学习过程的评价。

7. 虚拟化

教育环境虚拟化意味着教学活动可以在很大程度上脱离物理空间及时间的限制,这其实是网络化教育的重要特征之一。现代已经涌现出一系列虚拟化的教育环境,包括虚拟教室、虚拟实验室、虚拟校园、虚拟学社、虚拟图书馆等。虚拟教育可分为校内模式和校外模式。校内模式是指利用局域网开展网上教育;校外模式是指利用广域网,特别是利用互联网进行远程教育。

(二)技术层面的特征

1. 开放性

对现代信息技术的引进打破了以学校教育为中心的教育体系,使教育更具有开放性。教育信息化的最重要手段是基于网络平台的,而计算机网络是当今最开放的面向对象的系统,这主要体现在内容开放、结构开放、功能开放上。

2. 共享性

共享性使大量丰富的教育资源和各种先进的教学手段为全体学习者共享,而且取之不尽;从信息社会的本质来看,共享性就是信息化的本质特征和最终目的。

3. 交互性

交互性能实现人—机的双向沟通和人—人的远距离交互学习,促进教师与学生、学生与学生、学生与其他人之间的多向交流。交互式教学软件的开发和应用,强调了师生之间思想、情感和文化的交流,学生独立思考和创造性学习得到鼓励和有力的技术支持,教学由单向灌输改为多向交流,师生之间建立起更加民主平等的关系。

4. 协作性

协作性为教育者提供了更多的人与人、人与计算机协作完成任务的机会。通过相互协作的方式进行教学和学习活动也是当前教育的一个重要发展方向。信息技术在支持协作学习方面可以起到重要作用,其形式包括通过计算机进行合作(如在网上合作进行学习)等。

5. 自主性

学生学习日益具有自主性,由于以学生为主体的教育思想日益得到认同,教育信息化使学生学习的自主性、独立性及个性大大加强。这些个性体现在通过计算机和网络,学生可以自主地选择教材和教师,自己安排课程和课时。例如,利用人工智能技术构建的智能教师系统能够根据学生的不同个性特点和需求进行教学和提供帮助。至此,学生才真正成为教学的中心,教育培养创新人才的目标得到更好的支持,学生将更具有自主性、个性和创造性。

6. 多样性

教育服务的对象日益多样性,表现在允许和包容各种形式的教育,如学校教育、在职培训教育、社区教育及自学教育等,关键是受教育服务对象不再局限于在校学生,这些变化为形成终身学习、终身教育的学习型社会提供了技术支持、网络平台和信息基础。教育信息化的进程及教育服务对象多样性的发展过程也是教育全民化的历史进程。多样性既依赖于信息技术、教育思想观念乃至整个社会的发展进步,又对教育和社会进步形成巨大的推动力。

二、教育信息化的要素

在传统的教学理论研究中,将教育者、学习者和教学内容三者作为教学系统的基本构成要素,称为教学系统的"三要素"。三要素的结构如图1-1所示。

传统教学系统的三要素是相互影响、相互作用的。学生是学习的主体,所有的教学内容都是围绕学生这一主体而组织安排的,学生是教学活动的出发点,也是教学活动的落脚点;教学内容是教学活动赖以发生的基础,是学生学习的主要对象、教师教学的主要内容;教学活动是通过教师来实现的,教师在教学活动中起主导作用,在教学过程中发挥主动性来调整学生的学习活动和教学内容,使教学最优化。然而,教师的主导作用是否产生好的教学效果,还要通过学生这个要素来检验。因此,可以看出,在传统教学中,各个要素之间相互作用,从而形成了完整的教学系统。

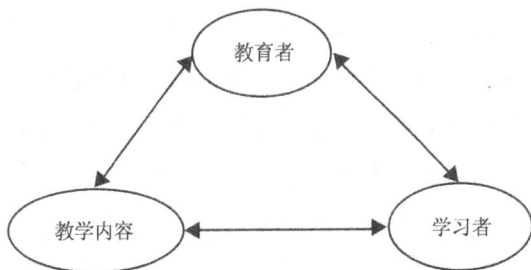

图1-1　教学系统三要素的结构

随着信息技术的迅速发展,媒体在现代教育教学活动中起着越来越重要的作用。媒体要素的介入,引发了教学内容传递形式、表达形式的变化,引发了教学方式革命性的变化,媒体成为教育信息化系统的重要构成要素之一。教育者、学习者、教学内容和媒体构成了教育信息化系统的四个核心要素,它们在一定的教学环境中相互作用而产生一定的教学效果,如图1-2所示。

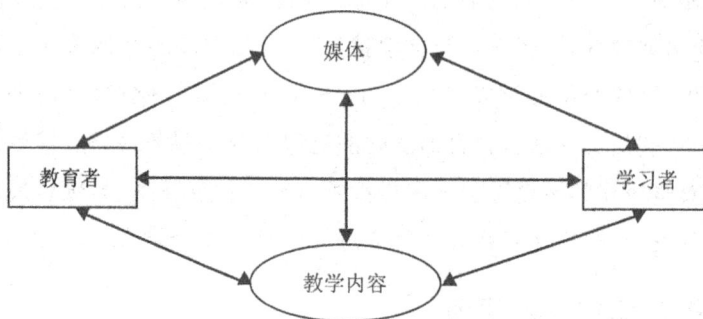

图1-2 教育信息化四要素结构图

教育信息化系统是以信息技术的应用为核心的教学系统。与传统的教学系统相比,教育信息化系统的特征是现代教育媒体的介入,教师、学习者和教学内容三个要素与媒体之间相互作用,具有信息化的特征。

(一)媒体

教育信息化过程中的媒体主要是指现代教学媒体,现代教学媒体是近一个世纪以来利用科技成果发展起来并被引入教学领域的电子传播媒体,主要包括幻灯、投影、录音、录像、电视和计算机等教学媒体,以及由它们组合成的教学媒体系统,如语言实验室、多媒体综合教室、计算机网络教室、视听阅览室、微格教学训练系统、闭路电视系统和校园计算机网络系统等。

从电化教育走向信息化教育,媒体观不断嬗变。媒体观是指人们对媒体总的认识和看法,也是人们对媒体本质及其价值的根本看法和态度。在不同的发展阶段,人们对媒体关注的视角和态度的不同导致人们对媒体的认识和看法不同。在电化教育阶段,教学媒体在传统课堂教学中的主要作用是传递教学信息,以生动形象的方式展示教学中的重点、难点内容,解决传统教学手段难以解决的问题。在信息化教育的初期,行为主义学习理论作为主要的理论支撑,电视、录音和计算机辅助教学系统等教学媒体进入教学,这一阶段人们利用计算机进行教学,将教学媒体视为教师的教学工具、学生的认知工具和学习工具。随着多媒体计算机进入教学,建构主义学习理论作为主要的指导理论,人们将教学媒体看作是教育教学发生的物质基础和平台,媒体技术为学生和教师提供了一个数字化教学环境。

(二)教育信息化中的教师

在传统教学过程中,教师处于主导地位,主要工作是收集、处理和传送信息,对学习者进行教育,实现教育的目标。现代教育理念的不断更新,促使教师转变了教学观念,现代信息技术的发展及现代教育媒体在教学中的应用使教师的角色发生了变化。信息时代对教师提出了新的挑战,要求教师具备在教育信息化环境中开展教学的能力。

1.掌握现代教学理念

教育信息化中的教师要明确现代教学理念,掌握教育信息化的基本理论和方法,以更好地改善教学,提高教学效率。

现代教学理念是指在建构主义、人本主义等理论指导下的现代教育教学思想和观念,主要包括指导学生主动建构知识;促进师生之间、生生之间的交往以及社会关系的交往;重视学生的主体性;在教育信息化过程中重视活动的重要性等。

2.具备教育信息化能力

教育信息化能力是指教师在现代教学理念的指导下,利用现代信息技术和丰富的教育资源,运用多种教育信息化方法开展教学活动,解决教学问题,优化教学过程的能力。教育信息化能力是教师在教育信息化中所应具备的最重要的能力之一,是教师有效地利用信息技术开展教学的能力。教育信息化能力主要包括良好的信息素养和教育信息化设计能力。

(1)信息素养

教师的信息素养主要包括信息意识、信息知识、信息能力和信息道德。教师首先应当具有敏锐的信息意识,要对"信息""教育信息化""信息社会"等概念和内涵有一个基本正确的理解,只有很好地理解了这些概念,才能更好地开展教育信息化。其次,要具备一定的信息知识,知道与信息技术、教育信息化相关的理论、知识和方法。再次,教师要具备信息能力,即利用信息技术开展教学的能力,包括资源的获取、利用、加工、评价和创新的能力,同时还包括常用教学软件的使用,简单课件的制作,如演示文稿的制作、文字处理等能力。此外,教师应当具备良好的信息道德,具有一定的信息安全意识。

(2)教育信息化设计能力

教师应当明确教育信息化设计的内涵,知道教育信息化设计的特点,理解教育信息化设计的原则,掌握教育信息化设计的方法。通过教育信息化设计,教师将信息技术、信息资源和课程内容有机整合,构建新型的教学方式。在教育信息化环境的支持下,组织学生自主学习以及应用网络交互工具开展互动交流活动,培养学生主动学习与创新学习的能力。

3. 集多种角色、多重身份于一体

教育信息化过程中的教师由传统的课本知识传授者转变成教学内容的设计者、学习的指导者及学习活动的组织者与参与者。同时,教师不仅可以作为学生的导师,还可以成为学生生活中的朋友、学习过程中的同伴等。

(三)教育信息化中的学习者

当前,以学习者为主体的教育思想已成为教育教学的主导思想,在教育信息化过程中,学习者是教学活动的对象,是学习的主体,教师的一切教学活动都是围绕学习者来开展的,没有学习者就不存在教学活动,因此,学习者是教学活动的根本要素。教育信息化环境为学习者提供了丰富的网络信息资源和灵活的学习平台,使学习者的学习方式和学习行为发生了变化。信息技术为学习者学习带来更多便利的同时,也对学习者提出了更高要求。

1. 学习方式多样化

信息技术的出现,使学习者的学习行为和学习方式发生了变化,学习者不仅要在课堂上接受教师的讲授、指导,还可以通过现代教育媒体获取更多的教学信息资源,学习者的学习由被动、简单地接受和吸收知识转变为积极主动的意义建构。在信息技术和现代教育媒体的支持下,学习者的学习方式逐渐由接受式的学习转向自主学习、合作学习及探究学习等信息化学习方式。

2. 较高的信息素养

在教育信息化中,学习者要具备较高的信息素养,能够从大量的信息资源中找寻到所需的信息,并对信息进行加工、整理和保存;能够使用常用的软件进行学习并与他人交流;学会有效地反思、评价和监督自己的学习过程。

3. 多种能力于一身

信息时代的学习者要具备自主学习的能力,要能够自己确定学习目标、选择学习方法、监控学习过程和评价学习结果。自主学习能力包括:①确定学习内容的能力;②获取有关信息与资料的能力(知道从何处获取以及如何去获取所需的信息与资料);③利用、评价有关信息与资料的能力。

同时,学习者要学会与他人共事,具备合作与协作的能力,将自身的学习行为有机融入小组或团队的集体学习活动中,树立团队精神和集体观念。

教育信息化要求学习者具有创新精神和创造能力。创造能力是信息化时代人才所具备的最重要的能力之一。创造能力是指能够积极主动地、创造性地发现新问题、提出新见解的一种认知能力,创造能力能够使学习者在学习过程中突破已有的思维定式,提出新的见解,独立解决自己过去从未遇到的问题,或者是将学到的知识正确地运用到全新的情景中去。

(四)教育信息化中的教学内容特征

教学内容是指教学过程中师生之间传递、学习的知识、方法和技能等内容。现代信息技术的出现和现代教育媒体在教学中的应用,使得教学内容具有新的特征,主要表现在以下几方面。

1. 表现形态多媒体化

可以用文本、图形、图表、声音、动画、视频以及模拟三维景象等形式来呈现教学内容,利用多媒体方式呈现的教学内容能够将抽象的知识形象生动地表现出来,使学习者能够更好地掌握知识,从而提高教学效率。

2. 处理数字化

将文本、声音、图形、图像、动画和视频等教学内容信息由模拟信号转换成数字信号,其可靠性更高,更容易存储与处理。

3. 传输网络化

信息化的教学内容可以通过网络实现远距离传输,学习者可以在任何一台能够上网的计算机上获取自己所需的信息。

4. 超媒体非线性组织

教育信息化内容采用超媒体技术构建,支持文本、音频、视频、图形、图像和动画等多媒体信息,并采用网状结构非线性地组织、管理信息的超文本方式,对教学信息进行有效的组织,适合人脑的认知思维方式,也有利于有效地组织教学信息,促进知识的迁移。

5.综合化

信息化社会知识呈现高度的综合化,信息时代需要具备各方面知识的"全才"。在信息化社会中,学生学习的内容不仅仅局限于某一门独立的学科,特别是随着网络时代的到来,学生的学习和生活中出现了许多新的课题,这些课题不是仅靠某一门或几门学科的知识就能够完成的,而是需要学生把所有学科的知识整合起来并运用到学习之中,才能够更好地解决问题。这与信息化社会要求人才具有多方面的知识这一特征是紧密联系的。

教育信息化系统的四要素之间存在着错综复杂的关系,各个要素之间不同的结合方式会产生不同类型的教学系统。

第三节　教育信息化的影响与意义

信息化变革重塑了人类社会生活的各个方面,教育信息化也重塑了教育领域的各个方面,教育信息化的出现和发展对人类教育事业意义非凡。教育信息化的一个重要手段就是计算机和网络技术的运用,尤其是网络作为当今最开放的系统,具有公开性、快速性、广泛性等诸多特点。教育信息化的重要意义就在于运用信息技术和网络技术,在国际层面上,使教育资源得以在全球范围内共享,弥补了发达国家与发展中国家在教育手段上的巨大差距,有利于发展中国家吸收借鉴先进的教育手段,掌握最新发展趋势,践行最先进的教学理念等;在国内层面上,使教育对全社会开放,特别是对那些无法接受高等教育和专业技术教育的人来讲,使他们同样能够接受各种教育,实现梦想。除此之外,教育信息化还在一国领域内,实现了学校之间、专业之间、师生之间的全方位交流。

一、教育信息化对教育内部的影响

信息技术在学校中的广泛应用,对学校产生了十分显著的影响。学校教育中,教师、学生、教学设施是其基本的构成要素和主体,教育信息化的深入展开,使教师的教学作用、学生的学习能力、教育设施的工作性能等方面都发生了深刻变革。

教育信息化给教育带来根本的变革主要表现在以下六个方面。

(一)教育思想和教育观念变革

传统的教育观念强调的是以知识的传授为中心,在专业设置、课程建设、教学组织、教学方法等方面的工作都围绕这个中心展开。在现代信息社会,对人才的要求不仅是掌握知识的多少,更重要的是获取知识的能力,因此就要求我们改变传统的教育思想和教育观念,在教育的"知识观""学习观"和"人才观"上进行根本变革,将教育从传统的"传授知识"转到"培养能力"这个轨道上来。

(二)教育目的变革

随着时代社会的发展,教育目标也随之发生变化。当今的教育信息化,使教育从封闭逐步走向开放化、大众化,增加了远程教育、网络大学等新式的教学模式,教学的内容也日益数字化、多媒体化,这些都极大地拓展了教育的空间,扩大了教育的对象,使大众教育、终身教育成为可能,提高了人的个性发展和素质,使高等教育的目的增加了人的自我发展、自我完善这一自然属性。

(三)教育模式变革

教育信息化的发展使教育走向了社会、走向了平等,其各个方面已经融入人们的教育生活中,人们可以更自由地选择学校、教师、课程,充分体现了教育办学的开放化。现代信息技术的应用,使教学的组织形式也更加灵活、方便,教学计划更加柔性,教学更加有针对性、可设计性。当今的信息社会,知识更新周期加快,竞争压力增加,促使人们更加重视学习,接受高等教育和继续教育的需要已经成为社会性的需求,因此,学习将更加社会化、终身化。

(四)教学内容和教学方法变革

在教学内容上,教师借助信息化时代的网络检索功能吸收本学科最新、最前沿的知识,运用到课堂教学中,使学生学到最新的知识。在教学方法上,通过应用网络、多媒体等现代信息技术改变了传统教学方式,创设了良好的学习情景,能够便捷、精炼地表达教学内容,突出了教育双向性、参与性、互动性等特征,更好地培养学生的综合能力。

(五)师生关系变革

传统的教学模式以教为主,是单向传输模式。教育信息化使教师的作用发生变化,从知识的传递者转变为学习的组织者和协调者;学生利用现代信息技术接受本学科最新、最前沿的知识,从被动学习者转为学习的主人,师生之间的角色因此发生了变化。

(六)教育评价制度深刻变革

教育信息化使各级学校办学行为更具有透明性和开放性,社会机构对学校的关注也将更加紧密和深入,最重要的是教育评价的主体也将由政府转向社会,这都有利于教育现代化的发展。教育评价的内容也随之发生变革,其中学生能力评价由过去只注重知识向更加注重能力方向转变、由过去单纯考试导向向考试与实践等多种方式相结合方向转变,这些变化都得益于信息化技术的飞快发展。在各级学校办学条件评价中,由过去只注重设备等硬件指标向侧重资源建设等软性指标转变。

二、教育信息化的深远意义

教育信息化不仅给教育发展带来了以上众多深刻的转变,在过去、现在和未来,其对教育的发展具有重要的意义,主要表现在以下几个方面。

(一)教育信息化是教育现代化必由之路

根据国外成熟经验,一国的教育现代化至少包括教育思想现代化、教育内容现代化、教育方法现代化、教育技术手段现代化、教育设施现代化、教育管理现代化等要素。显而易见,在以上教育现代化的诸多要素中,都离不开教育信息化。教育信息化一方面为教育现代化提供了方法、途径和前提;另一方面在教育信息化的过程中必然会出现许多新问题,需要我们利用教育信息化的理念去分析、认识、解决。教育信息化更是教育现代化的重要内容,是实现教育现代化的重要步骤,是教育现代化的根本目的。可以说,没有教育的信息化,就不可能实现教育的现代化。只有大力促进教育信息化的发展,才能极大地促进教育现代化的进程。

(二)教育信息化有利于缩小地区之间的教育差距

几千年来,学校一直是教育实施的主要场所,包括现阶段在内的相当长的一段时期内,我国各类人才的培养还是主要依赖于学校。但是由于我国幅员辽阔,经济发展不均衡,各地的教育规模、教育水平之间的差异很大,这使以学校教育为中心的教育体系无法从根本上消除地区之间的教育差距,现实情况还可能是差距越拉越大。这种现状导致无法实现"建设学习型社会、构建终身教育体系"的宏伟目标。

从 20 世纪末至今,教育信息化已经深刻改变了这种情况。随着教育信息化的实施、远程教育网络的实现,受教育者的学习可以不受时间、空间的限制,这种方式改变了以学校教育为中心的教育体系,人人都可以接受教育,体现了教育的平等性,非常有利于缩小地区之间的教育差距和全民素质的提高。这种开放式的教育网络也为人们实现终身学习提供了保障,教育信息化对提高全民素质具有重要意义。从现阶段来看,我国教育信息化的重点主要是学校和专门的教育机构,包括在中小学普及信息技术教育,中小学"校校通"工程和高校"数字校园"建设,以及现代远程教育等。从长远来看,教育信息化必然会延伸到家庭和社会的各个方面,这种趋势已经显现。其中,家庭教育信息化和现代远程教育的实施,将为全体国民提供更多的接受教育的机会,使受教育者的学习不受时间、空间的限制,真正实现学习型社会和终身教育的内涵——人人学习、处处学习、时时学习,最大限度地保障每个国民接受教育的平等性。那时候教育的场所就不只限于学校,全社会已经成为一所大学校,这种发展有利于从根本上消除由于地区之间经济发展的不平衡所产生的教育水平的差距,使全体国民的综合素质普遍得到提高。

(三)教育信息化有利于创新人才培养

我国教育的根本目标是培养创新人才,创新人才的培养主要依托于变应试教育为素质教育、创新教育,教育信息化则为素质教育、创新教育提供了环境、条件和保障。学生利用教育信息化的环境,通过检索信息、收集信息、处理信息、创造信息,实现知识的探索和发现,这对创新人才的培养具有重要的意义,是我们必须坚持的发展方向。

什么是创新人才？创新人才就是具有自己鲜明的个性特色、善于独立思考、具有广博的知识、富有创新精神和创造能力、各方面素质全面发展与个性发展圆满结合的人。可以说，培养创新人才是教育的根本目标，教育信息化有利于素质教育的实施和创新人才的培养。这主要有以下几个原因：一是教育信息化为素质教育的实施创造了良好的环境，使因材施教和个性化教学能够更好地实施。二是在信息技术环境下，一方面学生可以根据个人志趣与个性差异对所学的知识和学习进程在一定程度上进行自主选择；另一方面，学生可以对某一专题的相关内容通过信息检索、收集和处理，以解决学习中的问题，有利于丰富学生的知识面，培养其独立思考能力和创新能力。三是利用教育信息化提供的网络资源可将抽象的道理形象化，通过鲜明的形象感化和对比，帮助学生形成良好的思想品德和学会更多地贴近现实的知识。

(四)教育信息化促进教育理论发展

教育信息化是教育的一场重要变革，在这个过程中必将出现许多问题、许多现象需要我们去解决、认识，对这些问题的解决、认识将能有效地推动教育理论的发展。教育信息化的过程是信息科学在教育中不断应用的过程，在这个过程中出现的许多问题、许多现象往往需要用信息科学的理论、方法才能解决，才能予以深刻的认识。在这个过程中孕育着一门新兴的学科——教育信息科学。教育信息科学是一门利用信息科学的理论、广泛研究学习过程的教育理论，也是一门关于教育的信息科学。

(五)教育信息化有利于教育信息产业发展

教育信息化的发展过程是一种信息技术在教育领域中广泛应用的过程，这个过程必将极大地推动教育信息产业的发展。全国有 60 多万所各级学校、上亿名学生，还有数千家教育相关企业。在这些学校全面推进教育信息化，对我国的信息产业、对我国的经济发展孕育着一个极大的商机，提供了一个很大的发展机遇。

大力促进教育信息化发展就是为国家培养现代化所需的创新人才。教育信息化对于我国未来的经济发展、人民生活水平提高、居民素质提升等各方面都具有重要的意义。因为教育信息化不仅有利于提高教育质量和教育效率,也有利于培养学生的创新精神和实践能力,而且从主观和客观两个方面为学生的全面发展、全体发展、个性发展提供了条件和保障。

信息化是当今世界发展的大趋势,是我国经济加快发展和社会全面进步的重大战略机遇。我们必须坚持"以信息化带动工业化,以工业化促进信息化",把教育信息化作为全面建设小康社会与构建社会主义和谐社会的重要举措。

教育信息化是未来发展的制高点,关系到科技、经济、社会、文化、政治、军事、国家安全的全局。教育信息化水平是衡量一个国家现代化程度、综合国力、国际竞争力、经济增长能力的重要标准。

第四节 教育信息化的发展趋势

国际经验证明,教育信息化的快速发展必须适应客观环境的教育思想、教育观念指导信息技术在教育的各个部门、各个领域中应用,必须紧紧抓住培养创新人才这个根本要求,全方位、多层次地利用先进的信息技术,探索更好的教育模式,才能最大限度地促进教育的现代化。我国以前的教育信息化发展往往陷入一个误区:认为把信息工具和信息技术引入教育过程即是教育信息化的发展,这是一种简单的线性思维。教育信息化的过程应该是教育思想、教育观念转变的过程,是把信息的理念灌输到教育系统的方方面面,对教学的各个环节进行分析的一个过程。只有在这种理解的基础上,并基于此指导信息技术的教育应用,才是我们所需要的教育信息化。

教育信息化是全球教育领域的重点,各国在教育信息化方面有一些共同的发展趋势:第一,国家重视程度很高。尤其是在发达国家,政府高度重视教育信息化的发展,制订国家战略和行动计划,确保经费投入;在许多发展中国家,也把教育信息化作为摆脱贫困、振兴国家的重要举措,来加大投入和建设力度。第二,基础设施建设日益完善。信息技术和基础设施融入了教育的各个层次和环节。主要包括资源建设,全社会都积极组织参与,在线资源日益丰富,为终身学习提供最好的服务。尤其是网络教育发展迅猛,在高校之间课程交换、学分互认初见端倪,虚拟学校正在形成。第三,传统课程的信息化改造愈演愈烈。发达的信息技术应用于教学的形式日益多样,信息呈现多媒体化,多种技术扩展了人机交互的发展。第四,人才培养受到最大重视。各国都非常重视师资培训、信息技术教育普及和初、中级信息化专业技术人才的培养,信息技术教育列入正式课程,开课年级有提前的趋势。

总之,在当今世界,最重要的教育信息化发展趋势就是虚拟数字化校园,通过虚拟数字化校园进一步拓展教育的时空维度,实现学校教育环境的数字化和网络化,并全面整合校内外教育资源,实现教育资源的网格化存储、获取、传输与共享,从而完成信息化协同教学,有效支持高等教育活动,大幅提高管理效率,提升大学生、研究生的培养质量,有力地支撑高等教育的改革创新。

我国教育信息化的发展趋势概括起来主要包括四大方面:传统教育模式变革、教育思想理念转变、数字教育资源共享、教育管理模式改革。

一、传统教育模式变革

基于现代信息技术产生了许多新的教育模式,传统的以课堂和教师为中心的"面对面"的教育模式受到全面挑战。这些新产生的教育模式大都秉持这样一种理念:更强调以学生为中心,更强调灵活性与方便性,更强调学习的主动性等。但它的缺点也显而易见:缺少面对面的交流,完全陌生的学习环境,容易造成学习上的困难等。因此,未来的教育应该是传统教学模式和应新信息技术而生的新教学模式并存的局面。目前已提出的并且在现实中已经运用的各式各样的基于网络的新教育模式主要有 e-学习(e-learning)、e-学院(e-college)、e-大学(e-university)、e-学位(e-degree)等。这些模式在现代教育中日益发挥更大的作用,但是这些模式如何相互结合,达到优势互补、相辅相成的效果,是促进教育信息化发展的重要方面。

教育信息化使以教师为中心、面对面、以"照板＋粉笔"为主导的正规教育里的传统教学模式受到很大的冲击。首先,信息技术进入传统的课堂,多媒体、网络等新技术手段取代了"黑板＋粉笔",使课堂教学更加生动、有效。除此之外,信息化还带来大量网络教学的新模式,如网站教学、视频会议式互动教学、网络辅助教学、资源型学习、兴趣学习、互动学习等。这些新的教学模式与传统的模式相比,不仅形式新颖,还引进了许多新的教学理念,如强调以学生为中心、更加注重发挥学生的主动性等个性化的教育方式。信息化不仅从各个方面影响了学校的正规教育,而且使函授、业余教育等传统的远程教育,无论从内容上还是从形式上都发生了巨大改变。基于网络的现代远程教育正在对普及各个层次教育、提高国民素质及实现终身学习等方面产生重大的影响。

二、教育思想理念转变

信息革命给传统教育思想带来巨大的冲击,那么未来学校的任务和功能是什么? 我们需要从以下几个方面进行思考。如何消除教育界的"数字鸿沟"?高校信息化是否可以给落后地区、弱势群体带来更多的和同等的教育机会? 教师在未来高校教育中的作用、新的教与学的关系是怎样的? 学校的正规教育与面向社会的大众教育、精英教育与普及教育、学历教育与终身学习的关系是什么等。理顺这些问题,就可明确未来高校的任务和功能。这些问题都指向教育思想观念的转变,现代信息技术的发展从思想层面重构着现实生活的各个方面,教育领域也不例外。

三、数字教育资源共享

教育信息化提供的另一个重要机遇是数字教育资源的共享与利用,这一点也将全面而深刻地改变我国整个教育的面貌。特别是 20 世纪末互联网出现后,教育资源共享已经国际化,我们更要顺应这个历史潮流。从教学角度来看,通过网络的资源共享,我们有可能学习享用最先进的教学内容和教学方法,真正实现国际化的远程教学模式。通过网络技术发展促使教学资源共享,我们有望在较短的时间里缩短我国与先进国家的教育差距,同时能够缩短我国东西部地区之间的教育差距。对于高等教育来说,数字图书馆、虚拟实验室、电子资源库等多种方式的运用,各种资源的共享将把高校及科研院所的科学研究结合起来,促进对本科生尤其是博士生和硕士生等高层次人才的培养,可以较快地缩短我们与发达国家的教育差距。因此,我国数字(教育)资源的建设与利用是高校信息化面临的重要课题。

四、教育管理模式改革

信息化不仅影响到学校的主要教学与科研活动,带来传统教学、科研的巨大变化,也会对学校现行的运行体系与管理机制提出挑战,推动它们的变革。推动这种变革的动力来自两个方面:一方面是信息化带来传统教学、科研模式的变化,需要新的管理机制;另一方面是以信息技术为手段的校务管理,也需要新的机制,即需要一个虚拟的数字化校园来支撑。因此,虚拟数字校园的基础建设也将成为高校信息化建设的重要组成部分。

第二章

教育管理概述

第一节　教育管理的本质任务及内容体系

一、教育管理的本质

教育管理的本质是在多层次、多因素的高等学校系统中,以教学子系统作为研究的管理对象,组织和运用有限的人力、物力、财力对教学过程进行科学合理的安排,实现教育资源的最优配置,获得教学工作的最佳效益。

通过对教育管理现象的分析并不能得出对教育管理本质的结论,要得到对教育管理本质的准确解读,需要一个过程。在这个过程中我们以马克思关于分析事物性质的论述为方法指导,即在分析管理本质的时候,把管理放在历史的发展进程中考察,分析它在历史进程中所表现出来的一般性,同时也不能忽略管理在特定历史条件下所体现出的特殊性,只有这样才能全面地把握管理的本质属性。要认识教育管理的本质,首先要做的是明确教育管理本质研究的前提基础。

(一)归属问题

教育管理到底是管理方面的问题还是教育方面的问题?在教育管理理论的领域中也是存在着不同观点的。第一种观点认为教育管理是属于教育领域的,认为教育管理具有教育性,并且教育管理活动的内容强调"教人育人",另外教育管理活动与教育管理的目标是相同的,都是以教育活动为目标。第二种观点认为教育管理应该是属于管理领域的,认为教育管理是一种管理活动。虽然是在教育领域的,但它属于管理活动。第三种观点则是认为教育管理既属于管理领域又属于教育领域,认为教育管理同时受教育与管理的双重影响。笔者赞同第三种观点,原因是在教育管理中教育与管理是不可分割的组成部分:从实践上看,在学校教育产生之后需要产生与之相适应的规范化的教育管理,教育初始形态的教育管理活动已经不适应教育发展高级阶段教育活动的需要了,初始形态的管理是随着教育活动所进行的一种活动,虽然遵循一定的要求与形式,但并不是独立、规范、有序的;从理论上看,教育管理理论的发展是同时受教育理论与管理理论双重理论影响的,虽然教育管理理论与教育理论和管理理论的某些特性相联系,却也是与教育理论和管理理论有别的,它有自己独立的理论形态。

(二)实然与应然的统一性

教育管理的本质回答了教育管理实际是什么与教育管理应该是什么这两个问题。"教育管理的实际是什么?"回答是实然的实质,遵循逻辑对客观事实做出客观描述。"教育管理应该是什么?"回答是应然的实质,遵循逻辑对客观事实做出的主观判断,阐述的是人们理想状态下的教育观管理。在实然逻辑中,人们都是力求沿着事物本源展开,按照事物的本来面目去认识;应然逻辑则带有很强的主观色彩,它通常带有人们的某种功利性的追求,进而不能对事物进行客观的认识。教育管理的本质隐藏在管理现象与事实之中,探索教育管理本质的过程是一个由应然实质向实然实质接近的过程。

要分析教育管理的共性与个性,其共性表现为教育是一种活动并且是有组织的,有教育的地方就存在教育管理,这一点不会受社会的形态与性质的影响,比如,教育管理过程中的计划、检查以及管理的技术手段等与所处的社会性质并没有太大的联系。其个性表现为在不同的社会形态及性质条件下管理的体制、方法、观念等是有所不同的,教育管理的相关政策、方针和法律法规的制定一定会体现某一时期的社会形态与制度的特性。

这些关于教育管理的属性分析虽然不等于教育管理的本质,但这两者之间是存在联系的,由前者可以推断出后者。教育管理现象的属性表现为共性与个性统一。从其共性方面去探讨教育管理本质,教育管理是为了更好地促进人类再生产而服务的社会活动。之所以说这一本质反映了其共性方面,是因为它的这种本质属性适应于任何社会形态下的教育管理现象;从其个性方面进行分析教育管理本质,得到的结论是教育管理是为实现在社会中占统治地位阶级的特定教育目的服务的社会活动。它的这一本质属性适用于特定社会形态下的教育管理。如果从个性与共性统一的方面来分析其本质,那么得到的本质就是教育管理者遵循一定社会的要求与其管理自身规律,使教育更好地促进人类再生产,从而更好地为社会服务。这一本质适用于一般的社会形态中的教育管理现象,也适用于特定社会形态下的教育管理现象。第三种对教育管理本质的分析是最为科学的,它是基于对教育管理现象的全面把握而形成的观点。

　　教育管理规律是教育管理学研究的对象,是教育管理者与教育管理工作之间的内在的本质的联系。概括一下就是教育管理要与一定时期的社会经济、政治与文化相适应,要坚持以人为本的观念,并且要将这一观念贯穿于教育管理活动的始终;由计划、实行、检查、归纳总结四个基本环节构成的教育管理过程,并且教育管理活动是在教育规律与管理规律双重作用下进行的。任何社会形态中的教育都是为其社会的政治经济文化所服务的,并且受制于特定时期经济政治文化的发展水平,人是教育活动的主体,实践证明人的主观能动性、创造性以及积极性与教育活动的有效性是有极大关系的,人的能动性、积极性和创造性发挥的程度越高,教育管理活动收到的成效就越好,这个规律告诉教育管理者,在教育管理活动中要坚持以人为本的理念,充分发掘师生的积极性与创造性,在管理过程中发扬民主精神,使广大师生参与其中,群力建言献策,这样会使教育管理工作更贴近生活,更贴近实际。教育管理过程是四个环节循环往复的过程,而科学的管理过程会呈现出螺旋式上升的趋势。计划是教育管理的伊始,也是教育管理的核心环节,其他三个环节均是围绕此环节进行的,检查环节是对计划的反馈环节,也是对实行环节的一个监督环节,总的来说,是一个承上启下的环节。四个环节构成了教育管理活动的运行规律。教育管理活动是教育领域的活动,自然要受到教育规律的制约,同时教育管理活动又属于管理范畴,必然要遵循基本的管理规律。

二、教育管理的基本任务

　　教育管理的基本任务是遵循教育教学基本规律,通过对培养、改革、建设和管理的系统规划,借助现代化的科学管理手段,对全部教学活动在动态演进中达到既定的教育教学目标的管理。同时,要发挥管理的协调作用,调动各方面的积极性,保证整个培养过程各阶段教学任务的有效实现。

教育管理的职能可归纳为"决策、规划、组织、指导、控制、协调、评估、激励、研究、创新",它们之间相互交叉,互相联系,是一个有机的整体。

三、教育管理内容体系

搞好教育管理的核心,就是每位教育管理者应清楚地认识到"应该管什么?重点管什么?怎样才能管好?"。教育管理是有机的、统一的整体,教育管理的内容体系从不同视角呈现出不同的体系框架(结构)。从教育管理业务的科学体系或工作体系来看,可概括为"四项管理",即教学计划管理、教学运行管理、教学行政管理及教学质量管理与评价;从教育管理职能的角度来看,主要包括决策规划、组织指导、控制协调、评估激励和研究创新;从教育管理的高度和层次来看,包括静态管理与动态管理相结合的教学改革、教学建设和日常管理。

(一)教学计划管理

培养方案是学校保证教学质量和人才培养规格的重要文件,是组织教学活动、安排教学任务、确保教学编制的基本依据。教学计划是在中华人民共和国教育部的宏观指导下,由各个学校组织专家自主制订的。它既要符合教育规律,保持一定的稳定性,又要根据社会、经济、科学技术的新发展适时地进行调整和修订。教学计划一经确定就必须认真地组织实施。教学计划管理的核心工作是精心设计人才培养的蓝图,这就需要我们投入很大的精力,进行必要又必需的基本调查研究,包括国内外相同、相近学科专业的改革和发展动向,特别是新的教育观,新的教学内容、课程体系、教学环节和人才的培养模式等。要组织学校本学科专业的学术、教学带头人及有经验的骨干教师先行研究课程结构体系。只有设计构建一个整体优化的课程结构体系,把人才培养的总设计描绘清晰,才能够据此培养出高质量的合格毕业生。当然,教学计划在制订以后还要进行严格的组织实施,不能过于随意。

(二)教学运行管理

教育管理的基本点是通过协调、规范的管理,保障教学工作稳定运行,保证教学质量。教学运行管理主要是围绕教学计划的实施所进行的教学过程及相关辅助工作的组织管理。教学过程是学生在教师指导下的一种认知过程,又是学生通过教学获得全面发展的一个统一过程。高等学校教学过程组织管理的主要特点：一是大学生学习的独立性、自主性、探索性逐步增强；二是在宽厚的基础学科基础上适度的专业教育；三是教学和科研的逐步结合。根据这些特点，在教学过程的组织管理中要注意把握两方面的工作：一方面，要制定好课程大纲；另一方面，要针对课堂教学、实践教学、科学研究训练这三个主要环节，设计好组织管理的内容、要求和程序，并依此来进行检查。

（三）教学行政管理

教学行政管理主要指学校、二级学院、教学系部等教育管理部门要依据教学规律和学校规章制度行使管理职权，对各项教学活动及相关的辅助工作进行科学合理地组织、指挥和调度，以保障学校教学工作稳定有序运行的协调过程，也包括严格、规范地做好教学的日常管理、学籍管理、教学工作管理、教学资源管理和教学档案管理等工作。

（四）教学质量管理与评价

教学质量是个综合性的概念，衡量教学质量的指标应该是包括教学、学习及管理质量的综合指标；教学质量又是一个渐进的、累积的形成物；教学质量是静态管理和动态管理相结合的，应注重动态管理和过程管理，这是因为教学质量管理的最终目的是保证和提高每一项教学活动、每一个教学环节及最终的教学质量。转变教育思想、提高教育质量是搞好教学质量管理的前提条件。要深入研究质量监控，研究完成全程质量管理的设计，建立适合校情的质量监控体系和运行机制，首先要厘清质量监控的概念、要素、体系和组织系统，要研究质量监控与质量保证的所有相关问题。高校应建立科学的、抓住核心的、可操作的质量管理模式，包括教学质量检查方式，教学工作评估，教学信息的设计、采集、测量、统计分析和管理等。

第二节　教育管理的原则

教育管理的原则就是管理者通过组织协调教育队伍，充分发挥教育人力、财力、物力等信息的作用，利用教育内部各种有利条件，高效率地实现教育管理目标活动过程中所必须遵守的准则和基本要求。要更好地面对世界各国高等教育的战略竞争,建设更具创新性的高等教育,必须有正确的理论与行为准则来指导。教育管理原则是诊断教育管理问题,指导教育管理行为的基本准则和原理。教育管理者的管理行为总是遵循着某种管理原则,从而使管理活动能够获得良好的效果。

一、教育管理原则的依据

"正确的原则源于对客观规律的正确认识。"而这种客观规律则是确立管理原则的最根本的依据。厦门大学高等教育科学研究所名誉所长潘懋元先生认为:"教育作为一种社会活动,在它的活动过程中要遵循一定的规律。有两条规律是最基本的,一条是关于教育与社会发展关系的规律,称为'教育的外部关系规律',简称'教育外部关系规律';一条是教育和人的发展关系的规律,称为'教育的内部关系基本规律',简称'教育内部关系基本规律'。"对于高等教育管理活动来说,确立其管理原则的主要依据应从下述几方面来考虑。

(一)社会发展的客观规律

高等教育管理原则是高等教育管理规律的反映,对高等教育管理活动具有指导性作用。高等教育管理原则首先要遵循的是科学而客观的社会发展规律。原则反映规律,即反映客观事物的内部联系。但是,不同的人在不同时代对物质世界有着不同的认识,这种客观存在是必然的。所以,由于认识的局限性,人们对高等教育管理原则的提法存在一定的差异性,这是必然的存在。而要遵循科学的原则,首先就必须认识到社会是一个对立统一的整体系统,高等教育系统是社会整体中的一个子系统。它有一个统一的功能目的:出人才、出成果、提高学术科研水平,以促进人的全面而自由的发展,促进国民经济和社会的发展。现代大学已从社会边缘走向了社会的中心,如何处理好高等教育与社会的关系是管理的一大主题。从社会系统的观点出发,从客观存在的事实考虑,对高等教育系统与外部其他系统以及高等教育系统内部的各个组成部分之间有理性的认识,重视新时期社会时代内容的充实,才能够充分发挥高等教育管理的效能,从而达到整体的最佳运作。高等教育与社会的客观规律的相适应性亦被称为高等教育与社会的基本关系。

(二)高等教育内部发展的客观规律

高等教育内部发展的客观规律包括高等教育发展的自然规律与高等教育管理的科学规律。马克思主义认为,规律是客观存在的,不以人的意志为转移。高等教育发展的内部客观规律指的是教育与其他各项工作的辩证关系。高等教育管理原则必须反映这种本质关系,才能充分地达到科学与效能的目的。确定规律的一个重点就是要把握好高等教育组织的特点,高等教育组织存在二元控制结构。大学的管理表现出"组织结构上一种奇特的二重性",一种是传统的管理科层结构,另一种是教师在其权力范围内对学校有关事务做出决策的结构。二重控制结构衍生出两种不同的系统:学术系统和行政系统。这是高等教育系统的一个重要的特点,在遵循规律,制定管理原则的时候,这一点是必须考虑在内的。

(三)人的身心发展规律

从本质上来说,高等教育系统是人为的系统,是由人所创造的。高等教育系统的凝聚核心是人的心理,更多的是一种"软性"的存在,而不是机械的、生态的。高等教育是社会的先进生产力的储蓄库,但又是一个非静态的储蓄库,因为它是由人构成的。高等教育系统的稳定与健康发展更多的是依靠人的观念、动机、行动与期望来维系。高等教育系统是知识分子生存的良好社区,是传播与创造科学知识、弘扬社会公德、建立社会秩序、培养人才的重要基地。高等教育管理系统是以人为中心的动态系统,高等教育管理原则应该反映人的身心发展规律。

二、教育管理原则

(一)方向性原则

方向性原则是指我国的教育管理活动必须以国家的教育方针、政策为依据,使我国的教育为建设富强、民主、文明的社会主义现代化国家服务。方向性原则基本点如下:

第一,坚持四项基本原则是我们的立国之本,同时也是进行教育管理活动的基本政治依据。

第二,要坚持教育为社会主义现代化建设服务的方针,教育为建设中国特色社会主义培养合格的人才。

(二)科学性原则

科学性原则是指教育管理活动要按客观规律办事,要注意采用新的管理理论和管理方法,使教育管理活动建立在科学的基础之上。教育管理活动既是一种教育现象,也是一种管理现象,它既受教育规律的制约,也受管理规律的制约,是一项科学性很强的管理活动。科学性原则基本点如下:

第一,教育必须与社会的政治经济发展相适应。

第二,教育必须与受教育者身心发展的特点相适应。

(三)规范性原则

规范性原则是指教育管理活动要依照国家制定的教育法律、法规来指导和调节自己的管理行为,从而使教育管理活动规范化、制度化,以保证和促进教育事业的健康发展。规范性原则基本点如下:

第一,依据法规进行管理是教育管理的重要手段之一,是保证教育管理活动规范化的一个重要条件。

第二,教育法规是国家意志在教育方面的具体体现,是现代国家教育执法和守法的基本依据。

(四)综合性原则

综合性原则是指教育管理活动必须科学地组织和调动教育系统内外各方面办学的积极性,从而更好地推动教育事业向前发展。教育本身是一个有组织、有层次的复杂结构。它们彼此间是紧密相连、相互影响与制约的。综合性原则的基本点如下:要注意教育系统外部因素对教育事业发展的影响,使各种力量相互配合,从而达到更好地促进教育事业发展的目的。

(五)权变性原则

权变性原则是指教育管理活动必须根据不同的情况确定和采取不同的措施、方法,实行动态调节,使教育管理具有针对性和适应性。权变性原则的基本点如下:要根据地区的不同情况进行管理,我国幅员辽阔,经济文化发展不平衡,教育的要求和内容应该因地制宜。

(六)有效性原则

有效性原则是指教育管理活动中要合理地组织和利用人、财、物和时间等资源,从而获得较高的效率和较好的效益。有效性原则的基本点如下:

第一,提高用人的效益。

第二,提高对财物的利用率。

第三,提高时间利用率。

衡量一个管理者是否称职,能否成为一个有效或是科学的管理者,就是要看他能否深入理解与善于运用管理的原则。但前提是只有在正确原则的指导下,才能够体现管理活动的充分科学与卓越效能。教育管理的原则是教育管理者的管理工作过程中的行为准则,引导着管理者的管理方向。在管理活动中给予教育管理者一个管理的尺度与标准,才能激励教育管理者培养出更多符合时代潮流、国家发展的人才。随着信息时代扑面而来、知识经济全面兴起、教育理念不断更新、教育权力逐渐下移和学校组织日益开放,现行学校管理原则决策封闭性、集权式、简单化的弊端愈加凸显,存在着一些与当前学校管理的复杂性和创新性不能相适应的问题。以人为本,解决人的系统问题已成为21世纪学校管理原则的核心问题。人是最重要的资源,也是最宝贵的财富,以人为本的管理原则是未来教育管理的方向和趋势。

第三节　教育管理的重点及意义

一、教育管理的重点

(一)教育管理的特点

教育管理在高校管理实践当中占据不可替代的地位,同时管理活动带有明显的特殊性,这也决定了教育管理有以下几个明显特点。

1.教育管理的能动性

能动性是教育管理的一个显著特点,这里指的是人的主观能动性。教育管理的主要对象是师生。是否可以有效调动师生积极性，是衡量教育管理质量的关键标准。在整个教育管理体系中，师生拥有双重身份。教师在对学生进行教学指导时扮演的是管理者角色，而教师在作为高校教育教学执行者时，属于管理对象。学生是学校与教师的管理对象，同时是自身学习的自我管理者。无论师生扮演着怎样的角色，承担着怎样的身份，都有主观能动性。

2. 教育管理的动态性

动态性指的是教育管理各环节均处在动态发展进程当中。比如，人才培养方案，要跟随社会经济变迁而不断地更新完善，教学质量评价系统要伴随建设内容改变而更新。正是在持续不断的总结提升和动态化的协调处理当中，才使教育管理水平与质量螺旋上升。

3. 教育管理的协同性

教育管理担负的重要任务是协调学生个体与学校、教师之间的集体活动，有效发挥师生个性，推动个人与集体的协同进步。

4. 教育管理的教育性

教育管理者利用科学制订管理制度、优化管理过程、设置奖惩制度等方式，指导学生进行自我教育与管理，推动学生自我服务，最终实现育人目标。

5. 教育管理的服务性

高校中心工作在于育人，教育管理要紧紧围绕教与学，并为其提供良好的服务。树立正确服务意识，是对教育管理者提出的根本要求。

(二)教育管理队伍的结构

高等学校教育教育管理队伍由分管教学副校长、教务处全体人员、学院(系)主管教学副院长(副主任)、教学秘书(教学办全体人员)和教务员组成。教育管理人员的结构主要包括学历结构、职称结构、年龄结构、学缘结构和性别结构等指标。科级以上管理人员岗位应具备硕士及硕士以上学历，博士学历占一定比例；处级岗位、教学副院长(副主任)和重要科级岗位应具备副教授以上职称，教授占较大比例；老、中、青各层次人员合理分布，教育管理队伍既要有教育管理经验丰富的中老年专家，又要有充满活力、信息技术强的青年骨干；学缘结构上非本校人员应该占多数比例，有利于发挥不同的管理思想，承担重要岗位工作的教育管理人员应有基层教育管理工作经历。

(三)教育管理的重点

1.注重提高教育管理人员职业道德和业务能力

学校方面要切实意识到教育管理者在学校长远发展建设当中,扮演的角色和发挥的不可替代作用,有效培育其思想政治素质,使其树立事业心与责任心,始终秉持奉献精神。

首先,教育管理者所处位置非常关键,发挥承上启下的作用,担当上传下达的责任,不仅要贯彻落实上级部门给出的工作安排与文件精神,还必须协调组织教育管理活动,同时还要面对教师,处于和学生沟通互动的前沿,这样的工作定位与职责呼吁教育管理者要具备职业道德与高度责任意识。教学工作涉及范围广,内容多而复杂,很多事都要注重细节。有些事情看似很小,但实际上却关系深远。就拿传达上级文件精神来说,这样的工作年年重复,特别容易引起认知层面的麻痹大意。这件事情看似很小,但是如果在这样的事情上出现管理差错,会直接导致院部甚至全校教学秩序发生混乱,造成教育教学难以有效地推进,危害极大。因此教育管理者必须具备精诚合作的精神。高校教育管理的一个重要特征是层次化管理,既有独立性,又有彼此的团结配合。只有具备团队协作精神,懂得如何合作和协调,才能够全方位地处理好实际工作,做好分工,有条不紊地解决好诸多问题。再次,要有极强的业务素质能力。教育管理者的业务水平与能力素质是独立开展教育管理工作,有效突破实际难题,完成各项管理任务的根本。学校方面要关注教育管理者业务素质水平的提升,使其能够熟练把握以及运用好高等教育的专业化知识,把握教育管理基本理论与专业知识,有效评估教育教学的发展态势,协调不同部门与不同因素之间的关系,推动信息的顺畅流动,革新管理策略,全面提升管理水平;从实际出发开展教育科学研究和实验活动,有效推动教育管理现代化与科学化。

2.正确处理教育管理与教学质量的关系

教育管理是学校针对教学工作不同环节开展的管理活动,应结合既定管理目标与原则对教育教学实施有效调控。教育管理各环节均与教学质量存在着密不可分的关联。教育管理涉及的内容非常广泛,从教学质量评价系统来看,包括培养方案、教学计划的制订、教学任务的安排、教学跟踪监测、信息收集、信息统计分析、质量评价等内容。与此同时,要特别注意结合反馈信息以及评估获得的结果进行教学计划的革新调控。每一项具体工作又会包括很多不同的方面。教育管理一定要紧紧围绕全面提升教学质量这个中心工作实施。高校应该全面革新与健全教育管理体制,积极建立有助于新型人才培养的教育管理制度。

3.正确处理教育管理人员与教师教学任务的关系

教育管理者与教师共同担负着教育使命,前者以整合利用教育资源为主,后者以传播知识和启迪思想为主。管理育人与教书育人相辅相成,二者存在互相影响、相互作用,属于同一个目的之下的不同层面,主要体现在以下几个方面:

第一,教育管理者是衔接教师和学生的纽带,负责协调处理二者之间的矛盾问题,能有效营造优质的教学环境,确保教学和学习活动的有序开展。

第二,教育管理者利用整理分析教师教学质量信息,反馈教学和学习的实际情况,合理给出科学化评定。检查考核教师在教育教学当中体现出来的学术与教学水平,评估其敬业精神,归纳评估教师是否认真完成了教育任务及指标、规划,促使教师结合社会发展与市场需要,提升教学水平,培养高质量人才。

第三,教育管理者与教师共同参与学校各项事业的建设过程,如课程建设和教材建设等。利用对教学的调查研究与分析工作,提出改革和优化教学的方案计划。

第四,大学管理者给教师提供教育教学方面的帮助,营造优良的教学环境,促使教师可以集中注意力投入教学活动当中。

(四)注重教育管理与教学研究的关系

教育管理是一项系统性工程,需要长时间建设与积累。高校完成日常教育管理,维护教学秩序,只是完成了第一层次的工作,标志着拥有了良好的工作基础与教学环境。要想真正提升人才培养质量与教育管理质量,还必须积极促进教育教学研究工作的开展。大量教育实践表明:关注教育教学研究的高校,其教学工作的指导思想明确、目标选择恰当,能审时度势,从国情、校情出发,确立新思想、新思路、新措施、新制度,使教学工作和管理工作处于高质量状态。教育管理和教育管理研究开展较差的学校,其教学改革往往比较落后,抓不住教学改革的重点与核心。结合这样的特征,要特别关注教育教学研究工作,把握好提升教育管理效益与质量的关键点。

二、教育管理的意义

教育管理是高校教育工作的重要组成部分,对培养高质量的人才起着重要作用。教育部原部长周济在第二次全国普通高等学校本科教学工作会议上指出:当前加强教学工作的主要任务和基本举措是加大教学投入,强化教育管理,深化教学改革。这既需要各高校结合本校实际,健全和完善各项教学工作的规章制度,还需要采取措施,确保各项规章制度严格执行。高校实施先进有效的教育管理,离不开高素质的教育管理人员。只有具备一支业务能力强、创新意识强、实干精神强的教育管理队伍,高校的教育管理水平才能不断提高。

(一)教育管理,人员具备的素质能力

现代教育要求高校教育管理必须适应时代的发展,对在第一线的教育管理工作者提出了更高的要求,要求他们具备多方面的综合能力和素质,具体表现在以下几个方面。

1. 具备高尚的道德素质

良好的道德素质是搞好教育管理工作的基本条件。高校教育管理人员的道德素质如何,直接关系到学校教书育人的成效。"学为人师,行为世范",教育管理人员应以自身的思想、学识和言行以及道德人格力量直接影响学生,做到管理育人。

2. 具备强烈的责任心

教育管理工作既有较强的连续性,又会遇到新情况、新问题;工作头绪多、任务重。强烈的责任心能产生工作主动性,是教育管理人员必备的品德。例如,每学期的期末考试,从安排、组织考试,到上报各种考试报表,再到各科试卷、成绩单的整理归档,每个环节都必须认真负责,才能较好地完成工作。

3. 具备扎实的业务知识素质

首先,要掌握系统的管理学知识。随着教学体制改革的深入,教育管理人员应掌握系统的管理学知识,按照管理规律办事。采用科学的管理方法,合理地分配人力、物力、财力,提高教育管理工作的效率。其次,要掌握相关学科知识,这是搞好教育管理工作的基础。院级教育管理人员应了解本院各专业的培

养目标、课程体系及各教学环节的有关内容。最后,随着科学技术的飞速发展,办公自动化的程度越来越高,教育管理人员应学习和掌握相关的信息手段与技术,如掌握学籍管理系统、教材管理系统、教务管理系统、教学评估系统、毕业证书管理系统的应用及有关日常文书处理软件的使用等,促进教育管理方法的创新,保证教育管理工作的规范化、科学化和现代化。

4.具备较强的工作能力素质

能力是使教育管理活动顺利完成并获得预期效果的基础和保障,能力培养和提高甚为重要。一名优秀的教育管理人员应具备一定的组织管理能力、较强的协调应变能力,利用现代化设备获取信息、处理信息的能力,较强的调查研究能力及团队协作能力等。这些能力是教育管理人员准确评估教学的发展趋势,协调各教学单位之间相互关系,促进教学信息良性流动所应该具备的基本素质能力。

(二)教育管理的重要性

从世界高等教育的发展趋势看,深化教育管理是当今世界高等教育发展趋势的客观要求。提高人才培养质量是世界各国面临的共同课题,高等学校都在思考"21世纪的高等教育应该如何发展"。严格规范的教育管理,特别是加强教学质量的控制,是提高高等教育质量的重要保证,向管理要质量是教学改革的重要任务之一。

从高等学校教育管理的实际需要来看,近年来,我国高等教育得到了快速发展。2009年,高等教育在学总规模达到2 979万人,在校生达到2 826万人。2017年9月,中国高等教育在学总规模达到3 699万人,占世界高等教育总规模的1/5,规模位居世界第一。2020年5月,高等教育在学总规模超过4 000万人。但教育大国不等于教育强国,有相当一批院校还没有形成健全、完善的科学管理制度。由于办学规模不断扩大,师资队伍的结构发生了较大的变化,教学和管理的经验不足,对传统继承研究不够,教育管理队伍的建设还没得到充分的重视;并且,教育管理干部变更频繁,管理干部的素质结构和水平、教育思想的观念还不能适应现代化高等教育快速发展的要求,这在一定程度上制约了教育教学改革的深入和健康发展。

从高等学校教学和管理队伍的历史、发展和形成来看,目前绝大多数从事教育管理工作的人员在校学习期间缺乏系统的"教育学""心理学""教育管理学"等方面专业技术知识的学习。大部分人员是通过在实际工作中不断探索而积累经验的,不能够从理论上、教学规律上更好地把握教育工作和教学改革的建设工作。从高等教育科学的发展来看,许多学校没有把高等教育管理作为一门科学来对待。学校的教育管理不到位,没有形成必要的校内外教育研究信息沟通机制。学校缺乏教育教学研究的氛围,缺乏有组织、有计划、有目的的教育教学及管理研究,对学习、借鉴、继承、发展等一系列问题缺乏系统的思考和具体安排。

(三)管理队伍建设的意义

建设一支综合素质过硬的教育管理团队,是有效提升高校核心竞争力的重要举措。随着社会的发展,高校间的竞争越来越激烈。"如何招到更多的优秀学生,如何培养出更多高素质的学生,如何使本校的学生在就业市场占据有利的地位",成为各高校普遍关注的重要问题。而从新生入学、过程培养到毕业生离校的整个学习过程来看,任何一个环节都离不开教育管理的保障。教育管理队伍实力强,则贯穿于教学过程中的理念就先进,制度就健全,教与学的环境就更严谨、公正,学生掌握的知识和技能就更全面,加强管理队伍建设将使教学质量得到提高和保障。

加强教育管理队伍建设是提升学校教学工作水平的必由之路。教育部关于《普通高等学校本科教学工作水平评估方案》列出了 19 项二级指标,"管理队伍"是其中的考核项目之一;第二次全国本科教学工作会议后出台的《关于进一步加强高等学校本科教学工作若干意见》中,教育部共提出 16 项具体要求,其中"强化教育管理、加强教育管理队伍建设"是其中之一。由此可见,在考查教育管理水平时,教育管理队伍的建设是重要的评价指标。实际工作中,教育管理队伍也确实为提升教学工作水平发挥了关键性的作用。无论是办学指导思想、师资队伍建设、教学条件和利用、专业建设与教学改革,还是教育管理、学风与教学效果,所有这些决定教学水平的项目,都与教育管理人员的工作息息相关。只有加强教育管理队伍建设,并将高素质的教师队伍与高质量的教学组织管理有机地结合起来,才能创造出良好的教育教学质量,不断地提升教学工作水平。

加强教育管理队伍建设是提高人才培养质量的重要手段。培养人才是高等学校的根本任务,质量是高等学校的生命线。为全面提高人才培养质量,必须强化教育管理,深化教学改革,积极推进教育创新。尤其要推进人才培养模式、课程体系、教学内容和教学方法的改革,促进传授知识、培养能力、提高素质的协调,发展。教育管理人员是深化改革、推进创新的主要策划者、实施者和监督者。教育管理队伍的水平直接决定了学校教学改革的广度、深度和力度。所以,提高人才培养质量必须要加强教育管理队伍的建设。

第三章 教育管理信息化的现状及难点、热点

第一节 大数据时代教育管理现状

一、大数据教育管理发展取得的主要成绩

随着大数据、云计算、物联网、智能终端等技术的发展,教育管理目前正向智慧化、生态化演进。在教育管理智慧化浪潮中,北京、上海、深圳、杭州、无锡等五个城市先试先行,重庆、兰州、贵州、武汉、天津、广西、哈尔滨等多个省市紧随其后。传统IT、产业模式往往有明显地域之分,大多集中在北京、上海、广州等地,这显然不符合全国高等教育均衡发展的要求。基于大数据、云计算等技术的教育管理改革,让西部、边境地区的省份,如贵州、重庆、新疆、内蒙古等不再因为地理位置偏僻而影响智慧教育的推进。当前,大数据教育管理发展取得了一定成绩,主要表现在以下几个方面。

(一)CIO制度初步建立

在"互联网+"时代,网络与教育管理的结合就是用互联网来促进教学、科研、管理和服务的升级。建立首席信息官(CIO)在高校大数据教育管理变革中是必要的,是保证从上而下推进教育变革的前提。教育部科技发展中心2015年发布的调查结果显示,CIO制度初见端倪。越来越多的高校将信息化规划单独成文,其中60%的"211"高校、60.8%的普通高校以及50%的高职高专院校有单列的信息化发展规划,83%的院校建立了信息化领导小组。如清华大学、北京大学、中国传媒大学、浙江大学、上海交通大学、武汉大学、上海财经大学、

天津大学、华中师范大学、兰州大学、西南财经大学、常熟理工学院、浙江传媒学院、东南大学、复旦大学、西安交通大学、电子科技大学等设有专门的信息化领导小组,负责领导、组织、协调和决策校园信息化建设等重大问题。大部分"211""985"高校都设有独立的校园卡中心和网络中心,一般本科院校中有55%设有独立建制的管理机构。信息化办公室作为新的信息化部门,有30%的"211"高校和一般院校设立了此机构。超过80%的高校都指派了一名副校长来具体负责本校教育信息化发展规划的制订。高职高专中由副校长负责的比例最高,达到85.54%,"211"院校由副校长负责的比例也超过了80%,一般全日制高校由副校长负责规划制订的比例稍低,为79.03%。信息化、数据化日渐得到高校管理者的重视,CIO制度从领导机制层面保障了我国高校大数据教育管理的健康发展。

(二)信息基础设施投入不断加大

在数据平台建设方面,将两年投入总和小于200万元的算作"很少",200万元至1 000万元算作"一般",1 000万元至3 000万元算作"较高",大于3 000万元算作"很高"。从地区看,信息化投入从高到低排序分别为:华北地区、西北地区、华南地区、华东地区、西南地区、东北地区、华中地区。华北地区大约有45%的高校在3 000万元以上投入,而华中地区不到10%的高校投入在3 000万元以上。高校数据中心(信息中心)建设资金来源主要靠学校下拨的专项建设经费和常规经费,而高职院校主要来自信息化部门计划外经费,如国家或地方职业院校教学改革建设经费。从地区来看,华南、华北地区主要以学校划拨和常规运行经费为主,其中,华南地区大约有一半以上的高校依靠此种资金渠道运行;而东北地区有41%左右高校经费源于信息部门计划外,体现了当地政府对信息技术和大数据技术的支持。华中地区因经费投入前期靠后,最近几年呈"后来居上"趋势。总之,目前,大数据平台建设经费投入有保障,常规运营经费还需要加强。

(三)信息化建设稳步推进

所有参与调查的院校均已开始进行信息系统的建设。其中已有48%的院校完成了信息系统开发工作;38%的院校正在建立;14%的院校也已处在起步阶段。多数院校以购买成套软件产品为主,而在未来三年内会倾向于外包、合作开发和自行开发三分天下的态势。90%的高校已建立校园一卡通系统,74%

的高校建立了统一的身份认证系统,63％的高校建立了统一的公共数据交换系统,65％的高校建立了校园信息门户,58％的高校在社会化网络上开通官方账号。其中,身份管理与认证系统基本已经普及整个校园,75％的高校身份认证系统支持跨校区访问,25％的高校身份认证系统支持跨学校访问(跨区域的联邦认证),65％的高校身份认证系统支持移动信息平台,68％的高校提供一个账号支持两个或多个设备上网。所有参与调查的学校都表示已经开通了网络,85％的高校提供无线网络服务,55％的高校无线上网并不另外收费。将近80％的学校都表示,未来两年内需要升级带宽。在 IPv4 地址资源竭尽的情况下,47％校园网出口使用私有 IPv4 地址,IPv6 的部署情况却只有四成,需要发展。在数据中心安全技术策略上,明显看到"211"学校强于其他类型高校。另外,不少国外高校采用的网络安全技术在国内鲜有人知,国内高校网络安全防范的做法比较雷同且传统,这方面还有一定的发展空间。教学信息化是管理信息化之后各高校优先发展的业务,多媒体教室已成标配,80％的高校采购了全校性网络教学平台,探索信息技术与教学的深度融合。从调查情况来看,网络教学平台产品被替换的比例很高,不少学校表示已经更换或正打算更换网络教学平台。各学校优质教学资源建设受国家项目的影响较大,如精品资源共享课、视频公开课、大规模开放在线课程等,课堂实录也主要是为精品课程建设项目服务,优质教学资源建设尚未进入常态化。最近两年,微课比赛较多,但应用于教学还不普及,MOOCs 开始起步,影响还不够大。1/3 的学校开始试水移动信息发布 App,如教学资源发送、通知发送等。不少重点高校注重服务的专业化和精细化,让服务更加高效和人性化,甚至一些知名高校视野更大,思考如何让 IT 与学校特色相结合,希望在大数据研究、IPv6 研究以及 MOOCs 等方面有所建树。据教育部科技发展中心的调查结果,有 12％的高校已使用云平台,有 3％的高校未购买平台产品,以年服务费方式租用平台。高校数据中心或信息中心发展的特点:一是都很重视信息安全,加强数据安全制度的制订和执行,有近八成的高校已制订并实行或逐步实行安全制度;二是应用系统融合发展趋势明朗,有 1/3 的高校正在建立跨应用系统的共享方案,减少信息"孤岛"。高校一卡通全面普及,教学信息化也走向成熟。有 1/5 的高校信息化建设已经进入成熟发展期,在卡务服务、信息服务平台、数字化校园、移动信息服务、教师团队与管理建设、邮箱服务及举办赛事活动与信息化讲座方面,都有自己可圈可点的服务管理特色。

(四)教育管理效能不断提升

大数据在促进高校教学资源共享、教学方式改革、科研方式及教育管理变革等方面取得了有一定的成效。

1.大数据促进教学资源共享

MOOCs(慕课)是基于开放教育和共享理念,旨在提高教学质量和资源使用效益的产物。我国MOOCs组织模式主要有三种:一是加入国外MOOCs平台,如国外Coursera、Edx等优秀平台及MIT等知名大学MOOCs平台;二是建设本土MOOCs平台,如清华大学的"学堂在线"、北京大学与阿里合作的"华文慕课"、上海交大的"南洋学堂""好大学在线""人卫慕课""中国大学MOOCs"、中文泛IT"开课吧"及首个正式商业运营的"顶你学堂"MOOCs平台;三是引进国外优秀MOOCs资源。"MOOCs中国"目前已有121所高校加入,理事单位40家,会员单位80家,已有9 911门课程,用户将近600万人,其中IT培训的有500多万人,学历教育在读学生50多万人。已有的MOOCs课程覆盖了全部一级学科,有些平台推出的微专业课程以专业或者职业为单位。例如,互联工商管理微专业由"学堂在线"与清华经管学院联合推出。中国MOOCs的课程涵盖了高中到博士生学段,包括通识课程和专业课程两大类。同时,也有专为在职人员提供的课程。

虽然商业化的公司也投入在线教育,如淘宝同学推出的1元钱以上的课程,网易云课堂推出的大量免费课程,但是商业公司的目的在于盈利,所面对的消费者也是职业教育需求迫切的学习者,以高校或高校联盟发起的教学资源平台更贴近学习者。以中国大学MOOCs为例,2014年5月,中国大学MOOCs上线,由爱课程网和网易公司联合建设,有免费和收费学习两种方式,收费学习可获得电子和纸质证书。2015年5月,中国大学MOOCs启用移动客户端,并率先在国内推出在线测试、作业功能,"中国大学MOOCs"App荣列苹果公司App Store"2015年度精选名单",是2015年度唯一入选该名单的教育类App。中国大学MOOCs课程包括普通大学课程、职业教育课程和大学选修课三类,课程内容主要是通识课程和基础课程。目前平台学习人次超过2 000万,已有21万多人获得学习证书,每天活跃用户超过20万,社会反响良好,成为当之无愧的国内第一慕课公共服务平台。

授予证书和认定学分是推动在线教育发展的动力。殷丙山等对我国MOOCs的1 388门课程调查显示,80%的课程有证书授予,其中,课程数量和证书最多的是理工类MOOCs,哲学类课程是授予证书和课程数据占比最多的,医学类课程是收费认证课程占比最高的,教育学类课程的证书认证有较大的发展空间。目前,课程证书有四种情况:无证书授予信息的占20%,有证书但需收费的占20%左右,有证书但不收费的占33%左右,无证书的占22%左右,有免费和收费两种证书的占6%左右。不认定课程学分的占37%左右,只认定本校MOOCs平台的课程占17%左右,认定指定MOOCs平台的课程占22%,认定加入相关MOOCs联盟的课程占17%,认定不同平台指定课程的仅不到7%。目前,高校间课程学分认定主要还是局限于各高校内部及高校联盟间。在高校内部,更多的是用来进行混合式教学,改善课堂教学质量。未来教育发展的趋势要求高校要加大基于互联网开展学历与非学历继续教育,加大不同平台指定课程的学分认定力度。中国MOOCs课程学分认定面临两难问题:对社会学习者学分如果不加以认定,将会失去在线教育发展的持续动力;但是对社会学习者或非本校、本联盟学生课堂学分的认定,又会面临考核评价标准一元化及一般高校自身教学特色湮没的难题。

高校课程联盟如雨后春笋般涌现(表3-1),有力促进了优质教育教学资源的共享。上海交大、西安交大、西南交大、北京交大、台湾新竹交大5所海峡两岸交通大学都已推出"在线学习联合体",标志着华文在线教育正式开始。东西部高校课程共享联盟成员目前已增加到122所,全国受益学校2 000所以上,覆盖大学生1 000万人以上,累计400多万名大学生通过联盟的共享课程获得学分。上海高校课程中心、五校交大平台等推出的课程主要以通识课程、基础课程为主,全部免费使用,部分联盟还实现了学分互认,拓展了服务包的内容,增强了联盟的吸引力。混合模式、翻转课堂是上海高校课程中心的优势,在线考试、认证考试是五校交大平台的优势。这些高校联盟相对于商业公司的在线教育来说,在认证方面具有无法比拟的先天优势。

表3-1　高校课程联盟名单

序号	课程联盟名称	牵头单位	成员	合作企业	成立时间
1	上海高校课程中心	上海教委	60多所沪上高校	智慧树	2012.08

续表

序号	课程联盟名称	牵头单位	成员	合作企业	成立时间
2	东西部高校课程共享联盟	重庆大学	北京大学、山东大学、西安交通大学、复旦大学、武汉大学等近122所高校	智慧树	2013.04
3	吉林省高校课程共享联盟	吉林大学	吉林大学、东北师范大学等国内30多所高校	智慧树	2015.06
4	浙江宁波高校MOOCs联盟	宁波大学	宁波大学、宁波工程学院、浙江万里学院、宁波卫生职业技术学院等16所高校	超星泛雅	2015.07
5	浙江省高等学校精品在线开放课程共享平台	浙江大学	109所高校参与,打造特色"云大学"	杭州简学科技有限公司	2016.01
6	涉海高校海洋课程联盟	中国海洋大学	大连海洋大学、广东海洋大学、厦门大学等21所高校	超星集团	2016.03
7	海南高校课程共享联盟	海南大学	18所海南高校	上海卓越数码科技公司	2016.03

2. 教学方式改革

在大数据时代,"互联网+"教育已深入人心,但是采取哪种策略融合,是对教育者创新和智慧的大挑战。美国 EDUCAUSE 分析中心发布的报告显示,大部分学生认为,移动学习、泛在学习是未来教育的趋势,其有着即时性、参与性、情境性、社会性、泛在性、愉悦性等优势,将在碎片式学习中发挥优势。

诸多高校运用大数据技术进行教学方式改革的探索,略有成效。华中师范大学利用大数据推进教学改革,在顶层设计、规章制度、教学环境、教学设施、教学资源、教学方法等方面取得初步成效。教育部前部长陈宝生在视察华中师范大学时,对其推进信息技术与教育教学深度融合工作给予高度评价:网上来云里去,"互联网+"搞教育;线上学线下教,教学创新好平台。

基于大数据的高校教学方式将发生变革,目前,MOOCs已被广大高校所接受,成为翻转课堂和混合式教学的重要支撑。如上海易班(E-classy,上海大学生在线)可以说是运用大数据改革教学方式的范例,在沪 60 多所高校参与,人数达 161 万。东华大学是利用大数据推进"泛在学习"的代表,设立了在线"学习超市",即"易课堂",共开设了 179 门课程,全校师生共建共享课程,从而使 30% 的学生学习成绩得到提高,不及格率显著下降。当然,MOOCs 也存在制作成本大、更新快不方便、彩排后录制非原生态课堂等缺点。东华大学推出秋波智慧教室平台,提供了一套完整解决方案,包含 Class App、Class Cloud 和 Class Net 系列产品,基于移动互联网和位置服务技术路线,实现课前、课上和课后各个教学环节全覆盖,完善学生自动签到、课堂互动、实时在线课堂、课下资料共享与交流等智能教学功能。同时,还提供了导航、社交、电子商务等智慧校园服务入口,服务教学和生活,服务创新和创业。"秋波"课堂能够有效克服 MOOCs 存在的一些问题,不仅可以实现校内学习与远程学习,而且可以还原真实课堂"原生态",成为东华大学本科教育的重要改革举措。北京大学信息科学技术学院张铭教授利用在 MOOCs 平台上课的经验,在《数据结构与算法》课程中推行"MOOCs＋翻转课堂"混合式教学,他的混合教学实验班分三种类型——普通班、竞赛实验班和翻转班。普通班教授没有课程基础的学生,竞赛实验班教授具有较深知识储备的学生(各省市奥数获奖者),翻转班教授的是对课程有兴趣、想要继续拓展的学生,且强调预习、强调自主学习和探究学习、强调课堂讨论的节奏控制与重点把握。期末考核显示,在三类班级中,翻转班成绩超过普通班 10 多分,与竞赛班相当。

"中国大学 MOOCs"推出一大批以文化素质教育课、公共课和专业核心课为主的 MOOCs,采用 MOOCs ＋ SPOC 的方式,促进大规模学习互动与校内专属或小班教学相结合,推动高校教学方式方法改革,持续提高教学质量。高校建设的在线课程总数已超过 1 400 门,课程平台为高校定制课程(SPOC)达 5 600 多门次,累计 1 700 多所学校在平台上选用或定制课程,高校和社会学习者选课人次超过 3 000 万。

3.科学研究支持

首先,科研大数据的共享是高校进行科学研究、实现科研突破的基础。一位进行地质学研究的院士无奈感慨"地质研究只能研究外国的,不能研究中国的",因为地质数据都掌握在国家相关部门手中,却不对外开放;一位统计学的教授去气象局寻找一些最普通的气象数据,竟然吃了闭门羹。这些故事说明了开放的数据才能成其大,大的数据才能促进科研的发展。同理,高校科研工作也需要开放的大数据支持。科学研究规模不断扩大,复杂性也不断增大,高校作为科研的重要阵地,科研人员需要采集海量数据,这对传统计算技术提出挑战。以云计算为基础的高校大数据平台,对科研资源的共享、提高资源利用率及按照科研需求定制服务模式等提供了广泛兼容的科研环境。

其次,科研大数据驱动社会科学更"科学"。社会科学研究在大数据背景下可以将原子论和整体论融合与统一,形成"从简单分析到复杂处理,从属性数据到关系数据"新的研究范式,将脱下"准科学"的外衣,全面迈入科学殿堂。哥伦比亚大学社会学家艾伦·巴顿认为,"在过去 30 年,经验性的社会研究被抽样调查所主导"。这种随机性使社会科学备受逻辑性、科学性不足的诟病。自然科学和社会科学是人类知识的两种类型,自然知识研究的对象是物理世界,讲的是"精确",也正通过各种努力达到"精确",如引力波的发现证实了爱因斯坦的广义相对论的正确。社会科学因其研究对象是人,其规律是随机的,讲的是概率,导致"测不准",故而社会科学又被称为"准科学"。但是大数据能够成为我们观测自身的"显微镜",使越来越多的社会科学由定性研究向定量研究转变,教育也将变成一门实实在在的实证科学。华中师范大学中国农村研究院针对中国农村村庄信息统计无法到村的不足,借助互联网地理信息技术,实现对全国 60 万个村庄的数字化管理,建设了"中国农村数据库",实施"百村十年观察计划",充分利用大数据,实时采集信息,进行社会问题的科学研究。

最后,大数据科研管理平台为高校科研管理者提供智慧化管理手段。我国高校近 3 000 所,其中,"985""211"高校百余所,每个高校教师数千人,不同学科申请不同的课题,但课题项目重复度较高,主要是因为不同学科间缺少交流,甚至有的科研工作人员换个相近题目、内容不变重复申报拿资助。这些问题在大数据统一共享平台下便无处遁形。中国科学院借助大数据技术,优化科研资源供应链,为用户提供更加专业、更具个性的服务,不仅解决了科研腐败的问题,还成功解决了"采购难、核算难、监管难"等科研耗材管理工作中的难题。

4.教育管理支持

高校要做到对师生统一、明晰化管理,基本要求是对全校数据一览无余。

近几年,诸多高校进行了相关尝试,成效初显。

(1)复旦大学大数据中心建设

复旦大学的大数据中心建设已走在我国高校前列,取得了一定的成效。从信息化建设初期,复旦大学就着手建设 IMDC 校园数据中心。目前,复旦大学数据中心拥有 400 多个虚拟运行环境,建立了统一数据库,实现了数据的共享,并建立了一套包括采集、存储、分析、计算、展现的完整数据建构。建立了包含面向师生的 6 个大类 17 个小类的主题数据展示系统,主要包括教职工信息统计、学生信息统计等人员信息类,文科科研数据分析、教师学术表现等科研类,研究生成绩分析、本科生生命周期数据分析等教学类,一卡通分析、图书馆客流分析等综合服务,宿舍使用情况统计等学生工作类,教育部高基报表等报表类等。复旦大学还建设个人数据中心,为师生提供不同管理视角的服务,如集中数据展示、数据填报、数据下载等,同时也简化了以"人"为对象的数据化过程。在个人数据中心基础上,建立校级的统一填报中心,师生可见所有基础数据,便于高效利用数据。复旦大学曾对来自不同地区的学生进行数据分析研究认为,学生成绩受不同地区基础教育发展状况的影响较大。复旦大学依托数据中心,由"集数""读数""识数"转向最终价值追求——"用数",从而使教育管理决策更加智慧化、个性化、人性化。

(2)电子科技大学"学生画像"系统

国家教育事业发展"十三五"规划要求,"要鼓励学校利用大数据技术开展对教育教学活动和学生行为数据的收集、分析和反馈,为推动个性化学习和针对性教学提供支持"。高校利用大数据促进个性化管理和科学决策方面是未来工作的重点,这方面电子科技大学已进行尝试并取得较好的效果。电子科技大学研发出一套"学生画像"大数据系统,通过一卡通追踪学生的行为轨迹,可以"算"出所有学生的学习、生活甚至情感状况。这套大数据系统已覆盖 2 万多名本科生,研究表明:学生生活积极行为与学习效果密切正相关;就业能力与学习、生活质量密切正相关。利用这种大数据分析系统,理论上可以寻找"最孤独的人""最奢侈的人""最节俭的人""最牛学霸""最有效的求职者"等,高校学生教育管理可以实现有的放矢和对症下药,提高工作成效,体现人文关怀。这些优秀的智慧教育管理方案对其他高校有启发意义,并得到推广应用。

（3）江苏省智慧就业系统

就业作为高校教育生命周期的最后环节，是对其他教育环节的考核，特别是就业率和就业满意度等关键指标，是对一个国家和地区学校教学质量和教学模式等的终极检验。充分利用"互联网＋就业"新模式，建立精准就业服务机制，实现智慧就业和智慧招聘是人力资源市场发展的需要，也是以人为本、促进学生发展和社会和谐的需要。江苏省作为教育大省，提出"两个率先"：率先实现现代化、率先实现全面小康。江苏省将智慧教育与智慧江苏相结合，全力打造智慧就业新业态。江苏省高校招生与就业指导服务中心在全省高校推广"江苏省高校毕业生就业管理信息系统（网络版）"并与才立方软件公司合作，在双选活动中启动"智慧招聘"，提出了"智慧就业"理念，与才立方软件公司联合推出"智慧就业服务平台"。智慧就业网设有用人单位、学生、高校、管理员四个入口，用户根据账户进入不同工作界面，搭建了用人单位与毕业生之间的桥梁，具有信息发布、就业创业指导、认证评估等复合功能。江苏省高校智慧就业平台的技术架构为：一个云端平台（统一的就业协作管理平台）；多个用户终端，如就业 App、就业微信、就业网站等。其技术优势在于人岗匹配、实时推送、行为分析、数据报表。

（4）清华大学绿色校园建设

《教育信息化十年发展规划（2011—2020 年）》提出，要建立"国家教育云服务模式"，以资源整合为手段，以云计算技术为支撑，探索资源配置与服务集约化的发展途径，构建成本相对较低、性能稳定可靠的国家教育云服务模式。国家教育公共云建设，包括云基础平台、云资源平台、云管理平台等平台建设；高校校园私有云建设，包括云化数据中心、云存储平台、云科研平台、桌面虚拟化平台、远程教育云平台、云应用平台、教育管理服务云平台等平台建设。以云平台、云计算技术为支撑的高校数据中心建设，减少了计算机硬件费、电费、人员维护费，节省了空间，促进了学校教育管理效能提升，有利于绿色节能、可持续、可控可伸缩控制系统建设。清华大学成立了信息化办公室，与慕华信息科技有限公司等合作建设教育云平台，实现了无线网络全面覆盖、信息系统全面建成、基础数据全面共享，基本满足教学改革所需要的支撑、信息安全所需要的保障、各类用户所需要的服务。清华大学信息网络工程研究中心网络与信息安全实验室工程师姚星昆说："引入'戴尔综合化虚拟系统解决方案'，我们实验室的 IT

管理效率提升了300％,机房总电力节约20％以上,系统总规模缩减25％,维护负担减轻70％～90％,节省机房空间25％。"

二、大数据技术应用于教育管理的具体情况

高校的主要任务是培养更多适应社会发展的人才。所以,学校的教学、教师、科研和管理都要紧紧围绕人才培养的任务。然而,传统的教育模式主要是基于先验教育,不注重学生个性的培养。同时,国内高校之间存在着很大的差距,学生和教师的数量并不是很协调。常见的课堂教学模式,教师很难全面、深入地了解学生的实际学习状态。在大数据时代,大数据技术在高等教育管理中的应用可以大大提高高等教育质量。美国教育部已采取的教育数据挖掘,和其他大数据技术的分析研究,发现教师通过大数据技术可以更好地、更全面地了解学生的学习过程,然后总结出最佳的教学方法和教学秩序,及时发现问题,并采取有效的干预措施,及时为学生提供个性化的学习服务。学校管理决策也可以利用大数据技术,起到重要的激励和支持决策的作用。大数据可以在数据与数据之间的关联规则中找到,而不是证明规则,主要数值是每个厂商发现的内在性能数据,以此来开发大数据应用思想,为决策提供一些指导。

(一)服务对象

学校可以建立广泛的师生服务体系,并应尽量消除信息孤岛效应,建立系统的数据分析中心。建立统一的数据中心,发展信息共享机制是推动大数据发展的重要基础。动态的数据形式,要时刻关注师生日常学习、内部生活和学校各部门的管理,明确数据趋势,为学校制定管理政策提供科学可靠的数据。

(二)校园环境

目前,高校已经开始开展校园信息化建设,可以在校园内建立感知终端,实现物联网。例如,图书馆借阅系统、校园门禁系统和校园一卡通终端数据,可以为学生开展学校各项活动提供重要依据。此外,可以观察和分析数据的变化趋势,掌握整体的发展规律。

(三)数据仓库

大数据时代,大部分数据事先不确定。数据仓库能够更好地处理和分析数

据,以适应时代的需要。

(四)云计算

云计算结合负载均衡、虚拟化、分布式计算、网络存储等技术,既能更好地满足大数据存储和计算的要求,也能更好地保证数据的安全性。

第二节　大数据时代教育管理的信息化背景

一、教育管理的信息化建设

在现今大数据时代背景下,社会各行各业的发展已经离不开信息技术,信息技术具有促进社会经济快速发展的作用,使社会信息化发展成为一种必然趋势。教育信息化、企业信息化和政府信息化作为社会信息化的核心,对社会发展起到显著的推动作用。高校作为理论创新和科技创新的主体,更应该充分发挥自身主体作用。教育管理信息化是指在国家和教育部门的规划和引导下,合理应用信息技术,为社会发展提供如培养人才、科学研究等全方位的服务。

(一)教育管理信息化建设的作用

1. 教育管理信息化建设是高校办学水平的重要体现

教学与科研作为教育过程的中心环节,最能够体现学校的发展水平。对于教学与科研水平的提升,信息化服务起到促进和决定作用。据相关调查研究可知,两者之间具有一定的相关性,信息化服务的作用越显著,教学与科研水平越高。

在教育管理信息化建设过程中,学校应积极引进科技创新的最新成果,不断加强对信息化建设的管理和研究,通过先进的科学信息技术,增强教师的教学能力和科研能力,并提高学校的管理水平和服务水平,从而提升学校的办学水平。

2. 教育管理信息化建设是提升人才培养能力的重要手段

随着信息技术在教育行业逐步深入和广泛应用,各校的教学模式和学习内容也在发生变化,教育管理信息化建设不仅是教育与信息技术相融合的成果之一,也是提高学生综合素质和加强学生学习能力的重要途径。

相比于传统的教学模式,教育信息化具有全面性、快捷性和便利性等独特优势,既可以提高学生的知识水平,还可以扩展学生的知识层面。教育信息化通过先进的科学且多样化的教学方式,激发学生的学习动力,让学生积极主动地参与学习活动,从而取得显著的教学成果。

3.教育管理信息化建设是加强对外交流合作的重要平台

近年来,对外交流与合作成为各校的教育使命之一。对外交流与合作包含多个层面,既包括国内外,也包括理论研究和科学研究。教育管理信息化建设,实际上是为高校对外合作与交流发展搭建平台,其作用体现在宣传学校的同时,还建立更多的合作关系。

4.教育管理信息化建设是服务社会的重要窗口

教育行业对社会发展所产生的影响和作用是积极且多方面的,需要进一步拓展。具体而言,各校通过多种方式为社会提供服务,如科学研究、人才培养以及社会实践等,学校在提供这些服务的过程中既促进了社会发展,也提高了自身教育水平,对于双方而言是共赢关系。因此,教育信息化建设是促进社会信息化发展的重要途径之一。

(二)教育管理信息化建设的发展趋势

如今,信息技术已经成为教育管理信息化建设的必要条件,尤其是先进的信息技术。根据信息技术的发展情况,教育管理信息化建设需要及时进行更新和完善。由此可见,促进教育变革和创新,构建信息化教育体系,建设学习型社会,培养高素质创新型人才,是社会各行各业共同面临的重大课题。

1.信息化由数字化转向智能化

随着信息技术的快速发展以及广泛应用,社会经济信息化发展步伐逐渐加快,各个行业的发展呈现出显著的信息化特征。换言之,信息技术已经渗透至社会的每个角落。教育管理信息化建设的发展也发生了明显变化,即从数字化转向智能化。其中,数字化指各类信息以数字、数据的形式存在,其数字化过程是将不同的信息转变为能够计算的数据,并建立数字化模型,再将这些数据转变为二进制代码输入计算机内部,最后进行统一处理。智能化则指人们在应用大数据、云计算以及物联网等技术基础上,将所需事物的被动属性转变为能动属性。

2.一体化发展趋势逐渐明显

针对大量的信息资源采集、统计、分析和应用,数据处理技术提供了更多的可能性,而教育管理信息化建设则利用多种不同的信息处理方式,通过对教育教学相关的信息资源进行分析和探究,构建有助于人才培养和发展的创新型智能校园。此信息化校园借助云服务平台,主要以大数据采集和分析为核心,以物理校园建设为终端,以管理服务平台为应用形式。在校园管理服务平台中包含大量的教育资源,比如在线课程、智能训练等,这些教育资源不同于以往单一、匮乏的信息资源,具有多样性和个性化等优势特征,不仅打破了传统的教学方式,而且为学生提供了个性化的学习服务,即根据学生的学习情况和个性特征,为其制订相对应的学习计划,帮助学生提高学习效果,加强自身的学习能力,从而促进学生实现学习目标。

3.数据服务价值进一步提升

早期的数据价值体现为数据信息,而现今的数据价值体现为数据服务。数据服务指将各类不同的数据进行整合和优化,形成系统的数据资源库。此数据服务平台主要为高校的人才培养、科学研究等工作提供服务,具有高效、安全、共享等优势。通过这种方式,高校还建立了辅助决策系统,它是教育管理信息化建设体系的重要组成部分,其目的是为学校决策提供参考服务,有利于学校快速且稳定地发展。因此,数据服务是现阶段数据价值的最大体现。

二、学生信息素养的提升

一个人的信息素养由自身具备的信息意识、掌握的信息知识、拥有利用信息化思维解决问题的能力组成。因此,信息素养主要由三个方面构成:信息意识、信息技能和信息伦理。信息意识是客观存在的信息活动在人类大脑中产生的反映,体现人们对身边事情的敏感性和对事物的观察能力、判断能力。这是人特有的意识,让人们不自觉地对信息产生渴求,进一步对信息产生兴趣而搜寻并利用。

信息技能是具体信息技术能力的体现。在需要搜寻利用信息时,合理利用信息检索工具和检索方法,可以大大提升工作效率。计算机技术、通信技术等现代专业信息技能的发展,使人们的生活越来越丰富多彩,拉近了人与人之间的距离。

信息伦理指信息在开发、利用、管理过程中的伦理准则,不仅制约着人们的道德行为,也规范了信息产业,调整人们之间的关系以及个人和社会之间的行为规范。

(一)信息素养的主要特性

1. 信息素养的变化性

信息素养的标准定义随着时代变化而变化。国家要发展,社会要进步,需要科技不断创新,而信息技术的发展是伴随社会需求不断向前的。人们从小到大或多或少地接触过信息素养的培养,如计算机的操作课程、信息普及教育课等,而过去所学的信息知识并不能跟上社会日新月异的变化,只有不断学习新的信息技能,才可以紧跟时代的发展。

2. 信息素养的多面性

虽然在信息社会,每个人都应具备相当的信息素养,但由于生活环境、家庭背景、教育理念等不同,每个人信息素养的程度也有差异。信息素养可以表现为公民信息素养、利用信息素养、开发设计信息素养等。尽管信息素养表现出复杂多面性,但并不是定义人们要局限在某一个方面。人从出生对信息所知"无"开始,到慢慢从外界接收、学习,信息意识不断增强,对信息技术也有了认识。在这种情况下,具备一定基础能力的人可能由于自身所处的环境(工作或学习方向),会接受专门的信息相关培养,他们更能利用信息到自己的生活或是工作中,信息成为他们获取更多物质的工具;有些人则是将信息当作事业的发展方向更进一步钻研。

3. 信息素养的表现性

信息素养的高低需要看其在具体生活实践中的表现。课本上和听来的理论知识只是一个大概的方向和实践依据,而真正将理论与实践相结合,才能体现信息素养的真正价值,即信息素养最终体现的是实际操作的表现,只有真正的实践表现,才能从抽象的理论知识转到具体的实际价值上,也才能有更深刻的理解和认识。

4. 信息素养的普遍性

信息素养强调的一个重要特点是普及,也就是说,信息素养在信息社会中对于每个人来说都是普遍存在的,是公民尤其是学生广泛的素质。如今的社会是高速发展的社会,信息素养成为人们尤其是学生应该普遍具备的基本素质,人们无论在学习还是在生活中,都会接触到形形色色的信息系统,利用信息技术解决问题便成为人们首选的方式,但是,不同于以往的素养判断标准,信息素养并没有一个权威的界定。一般而言,文化程度高的人拥有相对较高的信息素养,但这并不绝对,尤其是在学校中,学生表现出远高于教师水准的信息素养也并不罕见。

5.信息素养的层次性

尽管信息素养对学生而言是必要的,但基于每个学生知识水平、知识结构、年级、地域的不同,学生之间信息素养的结构性差异仍然显著。为了界定信息素养的量,我们主张从三个维度对高校学生的信息素养水平进行考量,即基本素养、专业素养、实践素养。总体而言,这三个维度的素养各有高低层次之分,且都是通过教育得到提升。

这一阶段主要是针对大一新生,对他们进行基本信息素养的培养。大一新生具备基本信息素养以后,随着年级的升高,到了大二、大三阶段,由于经常接触信息技术,也接受了更多专业知识和专门技能的培训,信息知识、信息能力、信息伦理等得到进一步提高,他们便可以发展到专业信息素养阶段。到大四和研究生阶段,一般进入实践研究阶段,学校可以安排专业实习、毕业设计、项目研究、课题开发等项目,并结合具体的实践活动和研究任务,让学生能够充分利用已有的信息素养进行实践和研究创新。这样学生就可以发展到实践与创新信息素养阶段。

6.信息素养的实践性

虽然信息素养包括信息意识、信息情感、信息伦理道德、信息知识、信息能力等多方面内容,但其本身主要表现在信息技术的操作能力上。简言之,语言并不能成为衡量一个人信息素养水平的尺度。具体而言,信息素养体现在行动方式、思维方式,甚至是情感与道德考量方式上。对于实践与创新信息素养的人来说,信息能力占综合信息素养最主要的部分。

纯理论只能存在于象牙塔,只有结合实践的理论才能真正发挥价值。21世纪所需要的人才,不是只懂得信息系统工作原理的人,而是能够使用信息软件查找、分析、评价和利用信息的人。因此,在判断学生是否具有信息素养时,不仅要看他的信息理论知识储备是否充足,还要看他的信息素养能力如何。由于信息素养的表现具体要落实在实践上,无论是信息能力还是信息知识,只有通过具体操作信息系统才能有所提高,有较为深刻的理解。

(二)信息素养的重要性

1. 信息素养是新时代的必备素养

在大数据引领的新变革中,我国在很多领域有着进步与创新,大学生作为当今社会的中坚力量,必须与时俱进地提高自身能力。在大数据时代,信息素养已经成为与思想道德素养、文化知识素养、身体素养、心理素养一样不可或缺的必备素养。

计算机与互联网的发展已经融入人们日常生活的方方面面。新时代,信息的生产利用直接反映一个国家的科技水平,也同样体现出国民生活质量水平,同时,国家的竞争力也与国民信息素养高低相关。上至天文,下到地理,甚至微小到基因序列重组,一切都离不开信息,这是一种已经切实存在的、抓得住、把握得了的重要资源,而良好的信息素养是掌握这些有利资源的保障。学生信息素养的培养关系到国家未来的发展,作为未来信息建设的骨干,传递和使用信息是信息素养的基本部分,为此,学生应具备简化复杂信息的能力、掌握细分问题的技巧,成为真正适应大数据时代的信息人才。

2. 信息素养是培养信息化人才的根本

所有的信息技术以及信息传播都需要人完成,计算机功能已经空前强大,但拥有与之相匹配的操作人才更是当务之急。在传统教育中,学校习惯性地传播标准知识,让学生单方面接受所传递的知识,学生成为被动的接受者。

现代网络技术的发展,让人们可以根据个人喜好和想法,自由地在网络上搜索信息,主动对自己的爱好和特长进行补充学习。这样做可以节省大量的时间成本,让学生不必重复学习已有的知识,可以针对薄弱环节进行深化学习,使学习更具有目的性。

拥有信息素养是大数据时代培养人才的基本要求,学校在人才培养过程中也要尊重、适应时代的选择,重视学生信息素养的培养。

(三)大数据与非大数据的异同

1. 信息认识的转变

大数据的到来让人们对信息的认识发生了翻天覆地的转变,也改变了人们处理信息的思路。在大数据时代,无数信息分布在人们周围,其中不乏特定代表性的信息,使随机进行的信息采样变得没有意义。和传统采样论证不同,大数据可以让人们对更多的信息进行分析,这样做的结果是过去因为技术等无法掌握的问题可以得到解决。

2. 信息收集的方式

一切信息在大数据背景下都变得意义非凡,与信息不太沾边的事件用数值量化成数据模式,就能转化成为我们所使用的数据信息。因此,要转变传统的观念,这是大数据时代我们应该对信息收集所具有的新的认识。

3. 信息技术的发展

伴随大数据而来的是技术上的革新。大数据是信息化社会的重要特征之一。过去,人们大多面对的是结构性数据,这类数据简单易掌握,如同成员登记表一样,而如今已不单是传统的结构性数据,非结构性数据同样占据人们的生活并充满变化性,如风向的变化,一些难以想象的突发情况等,都是我们无法预测的。面对时代的瞬息万变,信息存储技术是节约人力、物力的最好方式。大数据让所有的信息产生了联系,形成了一个庞大的相关系统,但同时也使传统的信息技术已经不再适应现代的信息安全。

4. 信息环境的变化

大数据时代,更多的信息数据可以被量化。依托于计算机技术发展,带来了数字测量和存储设备,大大提高了数据化的效率。

5. 思维的变革

在大数据背景下,事物之间不再有因果关系,而是转变为相关关系。在信息量有限的过去,人们靠事物的联系,可以尝试着推断事情,但在大数据背景下,即使是微小的联系,也可以变成不可估量的价值。通过事物之间的相关关系,人们可以比以往更容易、更快捷、更清楚地分析事物。

现在,人们手中有着巨大的数据和空前的计算手段,已经不再需要用传统的思维进行简单推导、联想。先进的技术和工具早已替代人们的劳动,并对事物间的潜在关联一击即中。这种由点及面、举一反三的关联思想是大数据背景下最重要的思维方式,懂得适应时代而不是故步自封,才能让人们更准确、更迅速,并且做出最合理的判断。

(四)信息素养的具体表现

1. 数据挖掘

数据挖掘在 20 世纪问世,是从大量繁杂的、没有规律的信息中挖掘出对使用者有价值的信息手段。随着大数据时代的到来,越来越复杂的信息数据处理接踵而至,与时俱进,提升学生信息素养的意义显得更加重要。

数据挖掘在现有的商业竞争中非常活跃,尤其是在日常的市场销售环节。人们在销售商品时,就是一步步挖掘用户喜好的过程。当然,随着大数据时代的到来,这门技术更是存在于金融、互联网、语音服务等多个领域。因此,合理利用数据挖掘技术,可以充分发掘潜在的顾客和效益。

传统的制造行业也离不开数据挖掘技术,每个产品有特定的数据分析结果,从每个分析的数据结果中找出需要解决问题的信息,对有缺陷的产品从数据源头找出原因,在重点环节进行改造,提高生产效率。

在教育行业中,数据挖掘技术有助于教师对学生生活中的心理状态、上课情况等进行统计分析,从而优化教育资源分配以及提高教学质量。

网络让信息资源的传播有了超乎想象的效率,搜索引擎的辅助以及电子商务平台的创立等,让数据挖掘技术在海量的数据信息里找到用户所需要的信息,甚至预测到可能对用户有用的信息。

2. 信息加工

信息加工是对收集来的信息进行去伪存真、去粗取精、由表及里、由此及彼的加工过程,是在原始信息基础上,生产出价值含量高、方便用户利用的二次信息的活动过程,从而使信息增值。因此,只有在对信息进行适当处理的基础上,才能产生新的、用以指导决策的有效信息或知识。

互联网给人们带来了便捷和有用的资源,但其开放性也让人们受到垃圾信息的侵扰,为此需要人们懂得筛选辨别。例如,收集到的杂乱无序信息,需要人们有对这些信息进行重新排列组合,去其糟粕的能力。不仅如此,还要学会对挑选出的信息进行比较,才能使信息更具有使用价值,乃至形成新的信息。

3. 信息筛选

大数据时代,学生需要拥有的重要素养之一是懂得对信息进行取舍。对人类而言,掩盖遗忘是很正常的事情,然而数字技术和全球网络的发展让这一常态发生改变,大数据让我们活在了一个很多事情无法遗忘抹去的世界当中。

一些大型的互联网机构把收集到的信息都存储在他们的服务器里,搜索引擎就是其中一个很明显的例子。一些大型的搜索引擎,强大的技术让用户利用关键字就可以很快访问所要登录的网站,同时这些企业本身就拥有数量庞大的信息,在互联网的帮助下这些信息变得互通有无。

(五)信息素养对大学生未来发展的影响

1.学生作为承前启后的栋梁之材,肩负着时代责任

要做到符合当今时代需求的人才,需要做到三点:①拥有相关技术,包括系统、硬件、软件等技能的掌握;②拥有与数量相关的知识,包括数学、算法统计等;③拥有足够的业务能力,需要在专业领域掌握相关知识。以大型企业为例,技术支持从来都是大数据存储的本质,并且不是单纯地记录,还要懂得适时分析以及如何分析。企业在招聘人才进行信息化建设过程中,对数据进行综合分析已成为迫切需求,招募更多领域的专业型人才,同时兼备较高的信息素养,拥有信息敏感性的复合型人才是立足大数据的根本。学校要合理地利用数据信息,这是选择全方位人才的根本,也是重要方法。

2.网络方式的普及

互联网最早出现时是为军事服务的,随着信息化的发展,互联网已经进入人们生活的每个角落。随着人们生活水平的提高,互联网走进了千家万户,即便在一些欠发达的小村镇,网络式的推广也布满了街区,利用互联网平台走进生活是现在各大厂商的竞争方向,企业、商家已经将这里作为重要的推广战场。与此同时,像零售、教育,甚至装修和家政服务,也相继推出了在线服务平台,让人们坐在计算机前就能获取想要的专业内容和信息,缩短了客观的时间空间。在大数据时代,网络已经成为人们不可或缺的重要平台,具备相关信息素养熟练操作网络、获取资源、利用资源是如今学生未来发展的必修课。

3.大数据时代下的机遇

依托大数据信息,为科学决策提供了有力的保证,也提高了决策服务效率。大数据让人们得到了更多反馈,人们不再像以往一样处理问题。同时,国家提升对信息建设的重视,越来越多的专业人员被放到重要岗位,加大整个产业的投入力度。

在社会大数据基础信息建设的同时,有了政府的扶持,形成覆盖有线、无线的社交网络,再利用大数据挖掘与分析技术解决问题,不但能提升服务质量,也为更多还未步入社会的学生做出职业引导和商机拓展。

第三节　大数据时代促进教育管理的创新

一、大数据时代信息化发展对推进教育管理创新的现实意义

（一）实现教育"四种效应"

教育信息化建设步伐在不断加快,从产生一直发展到现在,已经有了很多年的时间。可以说,目前我国已经具备了一定教育数据资源的积累,但其中还有很多问题亟待解决,具体表现为以下几个方面:第一,数据收集方法非常单一,渠道狭窄,大多数数据的来源均为教育管理系统。第二,数据整合程度较低,数据割据问题和零散化分布问题十分明显,往往会忽视数据之间的内在关联性。例如,教育视频这一极具价值的教育信息资源并没有在教育事业发展进程中被有效运用,使人们难以探寻到成本低廉和获取便利的多元教学资源,影响到人们个性化学习需要的满足。第三,数据质量水平及可利用价值相对较低。在一个数据爆炸的时代,对数据进行处理与运用时存在极大难度,造成数据质量低的同时,降低了数据可利用价值。第四,没有建立完善的数据平台。想要对爆炸性的教育数据资料进行分析,挖掘其内在价值,就一定要借助数据平台,提供优质而又全面的数据服务,但是很明显目前尚未构建出一个良好的数据平台。

教育事业的发展和进步离不开大数据的支持,而大数据在整个教育行业进步中的应用也在不断扩大,在实际应用中会显现出以下四种效应,下面对其进行逐一分析说明。

1. 大数据对教育的整合效应

要发展智慧教育,打造强有力的智慧教育生态系统,不能够单一局限在构建信息系统方面,对整个系统中的内容与数据展开剖析和建设也是非常关键的。在大数据时代背景下,很大程度上数据价值高于系统价值。在信息化领域,人们普遍认可和遵照的规律是 3 分技术、7 分管理与 12 分数据。如果从核心价值方面对大数据进行分析,我们可以用"开放"两个字进行概括。大数据借助数据研究这种方式找到事物发展客观规律,需要依赖真实及广泛数据,如果

没有能够满足这些要求的数据,是无法探寻到客观规律的。怎样共享与开放数据?怎样对数据做加法?这是目前大数据进步历程中亟待解决的实际问题,更是人们不可避免的软肋。就目前而言,绝大多数的行业与领域数据都不具备开放性的特征,数据资料往往掌握在不同行业主体手中,主体并不愿意将自己手中握有的数据资料免费分享给他人。从教育这个领域来看,不同教育主体在大数据时代运用信息科技时有着各自独具特色的数据资源优势,在早期阶段绝大多数的教育数据都是几大教育主体垄断的。随着时间的推移,尤其是信息科技的迅猛进步,教育课程与平台的开放程度逐步增加,出现了大量品质高且具体化的教育信息与数据。将这些数据进行有效的关联与互动,会生出具备更高价值的数据信息,不断地补充和完善教育数据库,出现"1+12"的整合及规模效应。所以,站在这一层面上看,大数据作用在教育方面,在数量上做了一次加法。

大数据拥有关联分析的特殊优势,正是因为这一优势特性的存在,让数据存在着的行业界限被有效地打破,也将各行各业数据进行有效关联。例如,大数据能够将学校周围交通和学生进出小数据建立关联关系,以便智能化地管理学校周围区域红绿灯。但数据能够将学片区房屋信息和学校教师团队整体水平及学生的有关数据资料关联起来,进而更加合理科学地分配学片区教师资源,为教育资源的优化配置创造良好的条件,让择校问题得以顺利解决。教育大数据正是在关联分析的支撑下,推动教育规模的增加,实现多领域与行业数据之间的全面互动;同时极大地解决了过去依靠单一领域或行业不能够解决综合复杂问题的难题,让数据孤岛现象大幅缓解,也让很多表面看来没有价值的数据显现出以往没有发现的突出价值。

2. 大数据对教育的降噪效应

根据不完全统计获得的结果,全球领域的数据数量正在以每年50%的速度增长,同时数据类别呈现出多元化的发展趋势。有时大量数据会由于噪声造成数据质量大幅下降。说到这里,我们首先需要了解一个概念,那就是数据噪声。噪声是被测量变量的随机误差或方差。数据以一个极快的速度增长,并不表明我们的理解能力和分析能力与数据的增长同步进行,绝大多数的信息都是噪声,并且噪声增速远远快于信号。还有大量假设亟待验证,大量数据资料亟待深层次的分析与挖掘。

究竟怎样才能降低数据噪声,提高数据质量水平及可用性价值呢?这个问题是目前摆在大数据技术改革发展道路上的重大任务。我国的教育事业正在快速发展,教育信息化水平也在不断加快,特别是在信息科技广泛深度应用的进程中,教育环境、模式、手段等多个领域都发生了翻天覆地的改革,另外也出现了大量的教育数据。实际上产生的教育数据只有一部分是有好处和可利用的,存在着大量的数据噪声,这些数据噪声会直接影响教育决策的制定,也会影响教育趋势的研究准确性。无论是哪个学校,都有着丰富而庞大的教学资源与教学数据,但真正可在教学中有效应用的少之又少,可以随教学内容更新而不断更新,满足学生互动参与类的资源更少。这时就要借助大数据技术做减法,也就是说整合已有数据,全面剔除虚假的数据与资源,获得真实的数据信息,进而获得真正的结果。

在认识大数据对教育驱动的基础上,对差异化教育主体、系统、环境出现的海量数据展开整合研究,激活有价值的数据,剔除虚假数据,发挥大数据的减法作用,最大限度地减少数据噪声问题。

3. 大数据对教育的倍增效应

在历经长时间的累积,特别是在教育事业加快改革的背景下,教育数据积累量大幅提升,但是究竟为什么只是在大数据快速发展的近两年间才让智慧教育快速发展呢?这是因为大数据能够把过去很多处于休眠状态的数据激活,把原本处于静态状态下的数据催化成动态数据,促使教育数据倍增效应的产生。一方面,大数据有助于彻底打破传统教育的束缚,有效解决以往教育背景下遇到的教学改革难、择校难等实际问题。数据驱动决策与流程等的实际模式,会在整个教育事业的发展进程中更大范围地推广应用。另一方面,大数据为教育事业进步注入了生机活力,同时带来了创新的曙光,推动了教育产业转型升级,促进了教育教学模式的创新,还推动了教育科技的发展,这些都给教育事业的变革带来了极大的便利性。有一部分新兴创新企业把教育数据作为基础,提供具体化和针对性强的教育解决方案,促进大数据的商品化与产业化,并在整个教育领域引发创业创新浪潮和产业革命。大数据催生了很多教育应用程序,促进了很多在线课程细分企业出现。站在这一层面上进行分析,大数据在教育发展过程中发挥了倍增效应中的乘数作用。

20世纪90年代,我国就致力于教育信息化建设。在长时间的发展过程中虽然获得了一定成果,但是所取得的成绩还不够显著。最主要的原因是没有深层次地挖掘运用教育信息化背后隐藏着的数据信息,不能让这些无形资产发挥最大的应用效果,同时没有增强教育信息化在优化教育决策及改善教育质量等方面的积极效应。教育部门与学校等教育主体部署了专门的学位、学籍、教务管理等系统,累积了很多教育数据信息,不过这些数据并没有得到充分利用,而是长时间处于休眠状态。实际上,运用大数据,借助对以往数据资料的挖掘分析能够清晰掌握就业前景良好的专业、辍学率高的地区、教师课业负担大的课程等多个方面的结论,从而优化课程安排,制定针对性强的入学补助策略,提升教育决策的科学性和有效性。例如,美国的亚利桑那州公立大学就特别注重运用大数据分析技术进行学生数学学习质量的提升。Knewton 在线教育服务系统有效借助大数据技术获知学生的优点与缺点,为学生提供针对性强的学习指导。这个系统在持续使用两个学期后,大学辍学率下降,学生毕业率上升到 75%,而过去仅为 64%。

4. 大数据对教育的破除效应

受到标准体系不完善和不具备信息化统筹推进机制等诸多因素的影响,当前我国各地各层教育信息系统在数据规范与接口标准等诸多方面不能良好协同,没有实现积极互通,从而出现了极为明显而又严重的信息孤岛问题,数据资料之间存在很明显的界限。要彻底转变和缓解这一问题,就要重视发挥大数据的作用,以大数据为支持对教育行业内部与行业间存在的信息孤岛这一显著问题进行破除,彻底冲破数据之间存在着的壁垒,把异构数据资料进行统一,使各个部门的教育数据实现高度互联互通,让智慧教育的发展目标得以达成,也为智慧城市建设做出突出贡献。例如,学校系统可与公安系统互联互通,借助流动人口数据分析的方式,形成对学生数量与特征的有效预测,以有效解决教育资源结构错配等方面的问题,做到早预警和早干预,为广大家长提供更加优质的选择。

通过对大数据产生发展的规律进行分析,我们能够看到大数据发展经历了渐进过程,从产生一直到发展成如今比较成熟的阶段,经历了技术、能力、理念与时代的演变。而人们对大数据的高度认可及大范围的普及应用,将会随大数据发展出现调整与变化。所以,在教育事业发展过程中,加强大数据技术的应用会产生极为深远重大的影响。影响过程会经历很长的时间,从思维上的革新一直到应用水平的增长,需要经历长久的演变。大数据刚刚被应用到教育事业发展的阶段,只是被当作信息化工具。借助大数据转变教育模式,增强教学效率,让教育朝着个性化与智能化的方向发展。大数据的应用在持续不断地朝着深层次方向发展,更多的人会意识到大数据是能够突破传统教育诸多困难问题的一种新能力。在大数据得到整个社会的肯定,数据资产理念全面普及,人们认识到大数据和教育结合后会产生极大的社会效应。通过对教育资源进行有效整合,能够出现资源聚合的效应。最后,在整个教育领域建立了数据文化氛围,渗透数据治理思想观念时,会构建一个具备可持续性发展特征的教育生态系统。

(二)破解教育"六大难题"

将大数据作为动力支持发展教育事业,不但能够彻底转变传统教育思维,还能够借助新技术,推动教育的系统变革,让传统教育中长时间存在却又没有办法有效解决的问题得以彻底破解。

1. 破解教育资源不均衡难题,实现教育普惠化

正是因为大数据对教育事业的支持,促使教育的公平性和普惠性大幅提升。教育普惠化是教育事业改革进步的一个重要目标。普是指平等教育机会,而惠则是较低的教育成本。通过将大数据应用到教育事业发展过程中,会推动区域教育资源朝着共建共享的道路发展,让更多高质量教育资源得到大范围的普及推广,实现教育普惠的发展目标,促进教育公平的实现。

(1)促进区域教育资源共建共享,降低重复建设和浪费

过去建设数字校园时出现了很多信息孤岛问题和数字鸿沟问题,在这个新时代,云计算给教育信息化发展提供了很多的新思路,集中建设的方法会给教育资源收集存储共享运用带来更多的助力,也会更有助于区域性教育大数据的形成与发展。教育大数据能够让区域教育资源实现共同建设与共同分享,而这些资源具有高度集成性的特征,同时有着很高的质量,能够明显减少教育资源建设重复问题及资源浪费问题等的发生概率。

如今,我们国家正在建设国家教育管理公共服务平台、国家教育资源公共服务平台两个大平台,建设目标是要聚集教育管理与教学支持系统的大量数据资料和信息资源,构建能够促进教育教学发展,优化教育管理的教育大数据。

前者借助师生一人一号、学校一校一码的思路,全面收集全国范围内师生与学校的动态化数据资料。后者借助资源征集、汇聚、共建、捐赠等多元化的方法让教育教学资源数据聚集成一个庞大的系统。教育大平台建设中收集到的这些数据,可以成为教育事业建设的指路明灯,成为智能化教育发展及教育决策产生的根基,而决策科学化水平的提高将会进一步降低教育成本。

(2)加大优质教育资源的普及,缩小不同地区之间的差距

第一,远程教育的出现、同步课堂手段的发展等会让教育信息化程度逐步加深,也会让教育的普及度大幅提升,逐步缩小不同地区、学校及城乡之间存在的教育资源不平衡。第二,构建统一化的教育数据资源库,减少教师与学校资源存在的差距。我国把建设教育管理公共服务平台当作今后一阶段教育管理信息化建设的重要事项,积极促进学校、教师和学生三个基本数据库的建设,将师生一人一号与学校一校一码推广到全国,为广大师生与每所学校构建全国唯一的电子档案库。这些档案资料建设完成,能够将国家教育数据资源进行高度整合。把这些整合后的数据资料进行综合性分析和研究,就能够动态化地监管教师换岗、转岗轨迹,跟踪学生转学、升学等一系列的过程,让教师资源分配不均、重点学校分布不合理等问题在很大程度上得到解决,逐步缩小教育成本之间的差距。第三,随着智能手机、平板电脑等现代化智能设备的产生和大范围的普及推广,再加上在线学习系统大范围的普及应用,免费教育资源开放性的提升,线上学习不管是在成本还是门槛方面都明显下降,使广大学习者可以充分结合自己的特征与需要选取在线学习课程,突破时空条件的限制,打破年龄上的约束,只要学习者有需求就能够随时随地收集信息资源和学习内容,可以极大地减少公共资源浪费问题,为教育公平实现提供有效支持。

2. 破解教育方式单调化难题,助推教育个性化

有了大数据这一现代科技,让发展个性化教育的目标变成了现实。在后信息时代,信息的个性化程度将会进一步加剧,同时信息细分能力将大幅增强。大数据时代的信息受众会更加细致与具体,大量数据信息服务均是以个人需求为基础提供的,具有极强的目的性,能够实现更加精准的定位,保证服务效果。未来教育是以智慧教育为根基建立的人人有学上、人人上好学的伟大教育蓝图;每个学生都拥有个性化学习模型,学生不但能够自主选择学习方法与内容,还能够结合个人兴趣爱好与发展意愿挑选、构建与自身个性相符合的课程,不

必考虑课程究竟来自何地。学生可以最大限度地借助信息技术突破时空及打破主体限制的优势收获高质量个性化服务,保证教育的整体质量。另外,高等教育改革的基本模式将会逐步构建完成,学生主体性学习需要进一步增强,个性化学习与教育需求将会变得非常强烈。

(1)大数据驱动个性化教学

大数据能够让教师在选取教育内容时合理选择与学生身心发展特征和学习需要相符合的教学内容。教育之根本在于因材施教,但是因材施教在教育发展过程中并没有真正落到实处。大数据技术的引入与应用为因材施教目标的实现奠定了坚实的基础,大数据能够记录学生的学习状况,通过对学生的相关数据信息进行分析挖掘得到学生学习习惯、兴趣爱好、偏好等多个方面的信息,而教师只需借助计算机或移动终端设备就能够清晰和真正地了解每位学生。将大数据大范围和深层次地应用到教育事业发展过程中,教师能够跟踪学生的整体学习状况,掌握学生在网络化学习过程中,究竟是在哪些地方遇到难题,在哪些地方花费的时间很多,重复访问的页面,更加偏爱的学习方法,获得最佳学习质量的时间点等。简单地说,大数据能够加深人们对学习者的了解,提高了解的深度与准确度。不管是教师、学校管理者,还是学生的家长,都能利用大数据,获得大量高价值信息,确保教学决策的科学性与有效性。教师通过对学生整体学习轨迹展开研究分析,在没有正式教学前就能够比较精准地把握教学难点,从而有针对性地完成备课工作,节约时间和减少其他成本的耗费。比如,美国加州马鞍山学院开发出了 SHERPA 系统,该系统可结合学生兴趣爱好为他们推荐课程、时段、可供选择的节次。这样的功能很好地解决了学生的选课问题,增强学生对所学专业课程的了解,让学生可以结合自身实际,确定与个人最相符的课程。同时,还能借助智能分析,为广大教师及其他的课程设计人员,给出大量有针对性的反馈信息,使其可以有针对性地进行教材内容的调整创新。

(2)大数据驱动个性化学习

大数据能够让学生更容易找到自己需要和感兴趣的学习内容。奥斯汀佩伊州立大学建立的学位指南课程推荐系统能够给广大学生提供个性化的课程推荐服务,使学生既能深层次地把握和他们最契合的专业,也能优先选择发挥他们聪明才智的课程。给出的选课建议并不是发现学生最喜爱的课程,而是研究哪些课程更有利于学生制订合理的学习计划,怎样的课程安排,可以让学生收获最佳的学习效果等。这个系统还给学生顾问及系主任提供大量的信息支持，使得他们能够运用定向干预及课程调控等方案提升教育教学质量。这个系统功能的逐步强化与改进，还能够让学生在专业挑选方面获得支持。

Knewton 网上教育企业于 2008 年在纽约成立，其重要的发展目标是为学校、学生及广大的发行商提供预测分析与个性推荐服务。该企业提供的核心产品是在线学习工具，而这些工具针对的是每位学习者，能够充分满足他们的个性化需求。该企业还加强和出版商的密切合作，通过进行资源整合和协调互动，把不同类型的课程资料展开进行数字化建设，同时极大地拓展了学生覆盖范围。该企业核心技术是适配学习技术，可以借助信息收集、预测推断及建议的方式给出个性化的意见与建议。在收集数据时会构建学习内容体系中差异化概念关联，把学习目标、类别和学生互动进行有效集成，之后借助模型计算引擎等进行后续数据的处理分析与应用。在预测推断阶段，会借助心理测试、策略与反馈引擎研究收集到的数据资料，而研究获得的结果会用建议的形式在建议阶段推荐给学习者，满足他们的个性化学习需求。

（3）大数据驱动个性化交互

大数据拥有数据跨界整合、流动与挖掘等突出的优势，能够让原本零散分布的线上线下教学资源整合成一个整体，彻底突破以往落后的教学关系，形成极具个性化的交互，为广大师生和家长提供更加精准有效的互动平台。这样的精准交互之所以能够实现，是因为有精准定位，将学习目标作为基础，再加上有现代信息技术提供个性精准学习资源与考核体系，让学习速度与质量均可度量。一对一精准交互极大地保障了师生、家长等多个方面的沟通有效性，同时让学生的个性化学习需要得到持续不断的满足，实现线上线下的个性化互动与关怀，降低学生的学习压力与负担，节约时间，提升学习质量。

3. 破解教育信息隐形化难题，促进教育可量化

以往教育信息均具备隐形化的特征，不能有效实现多元化的信息处理，但是大数据技术的应用，彻底转变了原有的教育信息状态，让这些数据信息能够实现量化处理。正是因为现代计算机技术的快速发展，大量数据库的完善化建设，让个人在客观世界中的一系列活动被充分记录下来。这样的记录，拥有极高的粒度水平，同时平度也在与日俱增，对社会科学定量分析带来了重要的数据支持。因为可以更精准地测量与计算，社会科学将会褪去准科学外衣，在 21

世纪迈入科学殿堂。比如,新闻跟帖、下载记录、社交平台信息记录等都给政治行为分析工作提供了海量数据资料,政治学将会逐步转变成为地道科学。教育是社会科学不可或缺的组成要素,也会以数据科学发展为契机,朝着可量化的方向发展。

之所以能够促进智慧教育的产生和进步,是因为有信息化基础设施和信息化技术作为重要的依托,以及大量的信息化新技术正在大范围地推广应用。这些丰富多样的核心技术让教育事业建设拥有了大量教育数据,推动教育智能化的深层次发展,而不是停留在表面。将信息技术作为有效评介,学生学习兴趣与学习难点等过去只能依靠教师经验才可确定的,现如今借助学习软件就能够轻松获取。这样的可量化在教育中主要体现为教学过程、校园管理、教学评估的可量化,就拿教育质量评估来说,大数据技术的有效融入和广泛应用让单独开展过程性评介测量与评估从不可能变成了可能。在具体教学环节上,学生出勤率、习题准确率、师生互动频率等数据都能够通过收集、归类、整理、研究等方法构建过程性教育质量评价方法,而这些信息对于学校办学及学校教育科研的进步将会是极大的助力。

以大数据技术为依托的可量化衍生而来的个性化教育是智慧教育非常明显的一个特点,通过捕捉学生学习轨迹、活动轨迹、资源使用轨迹等多个方面的信息、可以有效预测,获取学生兴趣点,分析学生的学习需求,进而为他们提供更有针对性的学习资源和学习服务,让学生的学习需要得到满足,也让他们顺利地实现学习目标,在智慧学习中走得更远。

4.破解教育决策组放化难题,提升决策科学化

怎样将教育数据作为有效基础,积极制定教育政策是目前教育领域长时间都在积极探究的课题。在传统教育的发展进程中,制定教育决策主要依靠经验,或主观上的判断。目前,大量教育决策的提出,过度依赖经验直觉,甚至一味地追求流行,通常没有丰富数据作为强有力的支撑。不管是之前的英语四、六级改革,还是最近的高考改革方案,教育决策的可操作性与科学性成了教育研究者及社会公众对教育诟病的一个问题。随着教育信息化水平的提升,以及相关投入的加大,充分发挥教育信息化优势,使企业更好地推动教育教学改革,促进学生综合素质发展,优化教育管理,推动教师专业化进步,强化学校与社会沟通交流,已经不仅仅停留在政策理念层面,更应在具体实践中进行贯彻落实,有效发挥数据作用,制定合理化的教育决策。在大数据背景下,数据驱动决策成了提升教育决策绩效的新思路,也就是说,大数据将会应用于教育决策制定的全过程。这样的数据驱动决策方法是适应信息技术改革发展提出的,具有极强的可行性与可操作性,同时,还有大数据时代进步的必然性。

从可行性的角度进行分析,如今大数据技术在不断成熟,但数据分析的便捷度大幅提高,分析成本显著降低,和以往相比,更易加速对有关业务的理解深度。过去教育机构只是简单借助教育视频资源下载量、点击率等用户行为数据信息做好教育分析工作,并以此为根据调整视频资源的设置,对教师资源配置进行恰当的调整与安排。而在如今的大数据时代,传统数据研究方式已经不能够满足实际需求,开始有更多的教育机构借助对用户访问路径跟踪的方式,获得与用户行为相关的数据资料,尤其是在很多互联网企业涉足在线教育后,充分凭借其在技术方面的突出优势,综合分析在线教育视频的细分用户数据行为,以此为根据进行教育资源的安排,革新教育产品,创造现代化的教育教学方法,而我们所说的这些过程均是数据驱动决策在教育中的应用表现。

(三)加速智慧教育生态体系的构建

1. 智慧教育生态体系的构成要素

在前文的论述中,我们从很多方面对大数据给教育带来的一系列作用和影响进行了阐述,大数据在教育领域中的突出作用除了体现在以上方面,更关键的是能够促进智慧教育生态体系的构建。智慧教育生态体系是以人的教育活动为中心,基于大数据平台等的应用,结合智慧教育发展模式,构建双向价值转移,能够促进教育自循环与可持续性进步的多元互动环境系统。该系统包含五个核心要素,分别是多元教育主体、核心教育活动、优良教育环境、健全教育机制与成熟教育产业。这五个核心要素存在着密切的关联,彼此互相作用而又相辅相成。整个的智慧教育实践活动都将教育主体作为核心,围绕其开展成熟智慧教育产业,给教育活动的推进实施提供服务和产品方面的支持,优质智慧教育环境及健全的智慧教育机制能够给教育活动提供制度方面强有力的保障,推动智慧生态体系的建设与运行,最终确保教育资源全面深度整合与共享,促进教育资源多层次与全方位的覆盖,让全民都能够享受到优质的教育资源支持。

具体来说,多元教育主体是指以管理者、教师、学习者、家长和公众为核心的主体对象;核心教育活动是指智慧教学、智慧学习、智慧管理、智慧科研、智慧评价和智慧服务;优良教育环境是指教育政策环境、市场环境和社会氛围;健全教育机制是指管理机制、运营机制、反馈机制等;成熟教育产业是指以丰富多元的教育产品与服务体系为基础的较完整的教育产业链。

2.智慧教育生态体系的运行机制

在一个完整的智慧教育生态体系中,大数据扮演着怎样的角色? 发挥着怎样独具特色的价值? 如何促进智慧教育生态体系建成呢? 在我们看来,随着大数据技术与教育领域的深度整合和大范围的普及推广,大数据会积极促进大平台系统的建设完成,汇聚多种多样的教育数据建立教育大数据平台;建设大服务体系,提供广泛的教育服务;实现大教育的伟大愿景,让不同人群的终身教育需求得到充分满足。大平台系统负责给整个智慧教育生态体系进步提供基础,借助这个平台,能够整合多元化的教育资源,给优质资源共享与广泛应用提供强有力的支持;大服务体系是智慧教育生态体系发展实施路径所在,借助多元化教育产品与服务宽广的教育渠道,提供广泛而又便捷的教育服务;大教育的伟大愿景是生态体系发展根本目标所在,目的在于让人们的终身学习需求得到满足。

大平台系统负责发挥大数据对教育的整合效应,把整个社会不同种类的教育数据资源整合汇聚成一体,让不同主题掌握的教育数据互联互通,借助教育大数据治理,建设智慧教育服务平台,推动教育大数据的有效共享;借助数据开放、共享、交换等多元化的运营机制治理教育大数据。企业及教育机构可把这些数据资料作为重要的根据,为师生及学生家长提供多元化的教育产品与服务。另外,教育管理部门可把这些资源作为制定教育决策的根据,以便形成对智慧教育产业的全面监管,为大服务体系的建立创造良好条件。

大服务体系将大平台系统作为重要根基,把服务五大主体当作核心,紧紧围绕智慧教学、学习、管理、科研、评价、服务六个核心教育活动,提供全面化的教育产品服务,拓展便捷的服务获取路径,供给多元化的服务内容。这些教育产品和服务主要表现为:面向管理人员的教育管理系统,如学籍、教务等管理系统;面向教师群体的教育资源库及教学、备课、教研等应用系统;面向学生群体的学习资源与多元化学习方式;面向家长的家校互联系统等。这些应用系统会产生大量的数据资源,而这些资源会给大平台供给大量持续更新的教育大数据资料。在很大程度上,从数据到服务,再到数据的转换模式,能够让教育大平台系统和教育大服务体系构建和谐互动的关联,最终实现可持续性发展。

大数据愿景是以大平台系统与大服务体系为基础构建的多层次及全生命周期的智慧教育发展模式,把一切教育资源整合起来,让所有社会成员均能够享受到受教育机会,构建终身教育体系。

另外,构建智慧教育生态体系还与很多因素有关,需要多个方面的知识,如教育环境、教育体制机制、教育产业布局等。就环境基础而言,在政策环境方面,国内外政府与有关管理者在长时间的教育管理实践中已经在思想认识上进行了转变,也意识到信息技术等对整个教育领域施加的影响及渗透深度都在逐步增加,特别是政府部门越来越接受云计算和大数据等,政府制定激励性政策扶持信息技术在教育领域中的推广应用,所以政策环境从整体上看是非常乐观的。就市场环境而言,纵观国际环境,在线教育、网络教育等和智慧教育紧密相关的前景被大家看好,教育行业信息化建设方面的投入程度逐步增加,在线教育市场逐步增大。与此同时,针对差异化服务主体教育市场细分水平逐步提升;就社会环境而言,公众可以有效借助互联网及智能手机等工具实施碎片化学习,让终身学习和灵活学习成为可能,以社交网络为基础的群体学习活动俨然成为时尚。就智慧教育运行机制而言,数据资源的协同推进机制在建设和发展的过程中获得了很多的新进展,在线教育企业和传统教育企业开始加大合作和沟通力度,使线上线下教育资源持续不断地进行整合;以数据资源管理为核心的教育大数据运营机制正朝着创新改革的方向进步,在未来极有可能形成多元模式、共同发展的新格局;智慧教育、决策与反馈机制等多个方面获得了很多突破性进展,把大数据技术应用到教育决策中,也越来越多地得到了教育管理部门的肯定。就智慧教育产业根基而言,虽然一直到现在,智慧教育都没有构成完整化智慧教育的产业链,但是从教育信息化与互联网教育产业进步的角度上进行分析,智慧教育的产业链已经具备了雏形。整体的产业发展现况,还有着很多问题亟待解决,如缺乏顶层设计、行业规范不健全等,这些成了影响智慧教育可持续发展和顺利实现教育发展目标的阻力。

3.大数据在智慧教育生态体系构建中的作用

(1)大数据加速"大平台"系统的形成

大数据技术在教育领域的普及应用提升了教育数据的开放性水平。提升教育数据资源开放度,能够全面汇聚多元教育主体手中握有的教育资源,利用沟通共享等方式优化教育改革发展的环境,让整个教育事业向着大平台的方向进步。这里所提及的开放,一方面,是以政府、学校、科研机构等为主体的狭义层面的教育数据资源开放,其开放程度的增加能够让教育政策环境得到明显改善,为大数据的深度应用提供政策支持;另一方面,是广义层面上的开放,涵盖企业、政府、教育机构乃至社会公众等多方面的主体,是一种全社会领域的教育数据资源共享。

利用这样的开放,能够有效优化教育发展的市场及社会环境。大数据技术在教育领域的普及和深度应用能够促进教育信息共享,缩小地区之间的教育差距。有了大数据这一观念的支撑,全部教育信息在整合应用的过程中,能够建立教育资源的信息化平台,利用互联网将多个资源展开数据整合与合理化配置,可以让优质资源有效流动,形成良性循环,让资源渠道得到拓展,让学习资源发挥的作用持续增加,让人能够接受教育信息资源的不断扩大,进而建立更高层次且能够实现互通有无的教育资源信息平台。有了这个平台作为有效支撑,广大学习者能够有效借助文字、视频、动画等多元化的呈现形式学习知识和发展技能,广大教师可借助多元化的教育技术工具与设备优化教育管理,让课堂教学更具有人性化,充分满足学习者的个性化需求。

第一,开放特性。一方面,以"智慧"为名义的教育平台对用户是完全开放的(用户可以根据需求自行上传、下载平台上的内容);另一方面,以"智慧"为名义的教育平台对政府、学校、学生家长和其他第三方机构完全开放,运用这种全方位开放模式激发广大参与者自愿自发地获得优质教育资源,主动参与到教育体系建设中,成为教育互动的一分子。

第二,整合特性。这样的整合特性具体体现在大数据对教育的整合及破除效应方面。大数据能够让线上线下的教育数据资源实现整合,进而构建O2O教育产品闭环。这一教育闭环系统的建立,能够极大地促进线上线下资源的共享,维护教育的公平及教育资源的均衡分配;有利于让线上和线下的教育资源实现优势互补与互通有无,使学生的学习效率和质量大幅提升;有利于线上线下教育成果的转化,全面升华学习价值。O2O教育闭环系统把线上与线下资源的优势进行了全方位的整合。将教育领域中的数据实施充分深度整合,突破教育数据区域壁垒,发挥破除效应。尤其是学校教育中,数据变成教学方案改进明显而有效的一项指标。一般情况下,这类数据主要指的是考试成绩和入学率、出勤率、辍学率、升学率等。就课堂教学而言,数据应该可以说明教育成效,如识字准确率、习题正确率、举手答题次数、师生互动频率等。

(2)大数据加速"大服务"体系的构建

在有了大数据作为教育事业发展的强有力支撑后,能够让大数据成为推动国家教育体制改革的强大助力,而教育体制改革涉及教育制度、教学资源分配、课程设置、人才培养等多方面的改革。例如,国家部分开放共享和入学、毕业等相关的基础教育数据,借助大数据技术,挖掘历史数据信息,以此为根据优化教育决策、教育政策影响,促进教育体制改革质量的提升。

大数据在教育中的应用能够起到改善教育决策的作用,提升教育决策的准确度。在如今的教育事业发展过程中,大数据的概念已经逐步实质性应用在了教育政策探究和实践环节。将大数据应用到对政策进行科学化设置当中拥有着极大的优势,具体体现为两个方面:第一,大数据时代伴随软硬件升级,具备了分析更多数据的可能性条件与手段,不再依赖随机抽样的方式。第二,大数据时代,人们已经不再过度追求精准度。

在大数据的支撑下,我们常常不必再针对某个现象追根究底,只需把握大致发展方向即可。特别是在决策方面,宏观意义是大于微观意义的,通过适当忽视微观精确度的方式,能够让宏观方针的洞察力得到提升。

大数据会极大地促进学校人才培育模式的创新。借助学习、考评等系统生成的海量教育数据资料,分析这些数据信息,改革教育环境与模式等多个方面。对学生学习行为轨迹数据精准描绘,如记录鼠标点击率,能够探究学习者活动轨迹,发现他们在面对不同知识点时的差异化反应及所用的时间,哪些知识内容需重复或特别强调,怎样的陈述方法和工具更科学有效。记录个体行为的教育数据资料看似是杂乱的、没有任何章法的,但是当这些数据累积到一定程度,群体行为即会在数据方面显现出秩序与规律。分析这些秩序和规律后,在在线学习中,就可以有效弥补没有教师面对面指导的缺陷。大数据与教育领域的融合会促进教学过程中的一系列变革。在具体教学过程中,加强对大数据的应用与分析,可以更好地对学生的学习习惯、效果、教学改进等展开有针对性的聚类研究。

大数据通过激励社会公众主动参与推动社会创新。广大社会团体及高校联盟等组织,可以借助公共教育资源共享平台对在线学习与全民教育的学习轨迹展开深层次的研究;激励社会创新,有效发现和培育优秀的创新型人才,促进教育数据增值。企业等大量的网络公众媒体负责供给大量开放性的课程资源,扩大流量,实施有效的商业精准营销。

大数据会加快全民终身教育体系的构建步伐。在现今这个大数据时代环境下,大数据接口和学生数据的软件应用得到了大家的关注,服务于终身学习与个性化学习的教育信息系统会进一步被开发与推广。翻转课堂、社交网络等的研究会让教育朝着实证科学的方向演变。信息为人的发展提供服务,信息无处不在,终身教育会变成社区教育基石,让全民拥有一个开放免费的学习平台。

(3)大数据加速"大教育"愿景的实现

智慧教育大教育愿景,有以下几个方面的表现:从教育范畴看,应该涵盖学前教育、小学、中学、职业、高校教育、特殊教育、全民教育等多个方面;就教育时间而言,需涵盖全日制教育、业余教育与终身教育三个方面;就教育机构而言,大教育将会有效突破单一化的教育机构模式,让学校、社会与家庭教育形成一个统一整体,使教育在全部部门开展;就教育方式而言,大教育会运用所有科学有效的教育路径与教学方法,涵盖教学、自学、正规和非正规教育、集中教育培训等多个路径与方法;就教育目的而言,大教育观提倡的是学习和教育不单单是谋生的工具,也不是功利化的手段,其目的在于完善人性,推动个人人格健全,促进个体个性化和全面化发展;就教育体系而言,大教育注重建立家庭、学校、社会"三位一体"的教育网络,教育是学校的主要任务,但同时又是相关家庭和全社会的共同义务。把大数据技术应用到教育领域,能够让大教育观中很多原本无法实现的设想轻松实现,也让我们设想与追求的大教育拥有可实现性。

通过对上面的一系列内容进行具体深入的研究,我们获得的一个结论是随着大数据与教育整合应用程度的加深,大数据的强大影响力及不可忽略的效果将会逐步凸显出来。大数据服务性、智慧性及开放性的特性将会促进大平台系统、大服务体系及大教育愿景的形成和发展,最终构建具备可持续发展实力的智慧教育生态体系。在这样一个生态化的体系中,能够灵活运用开放、免费、共享等多元化的方法,让多元主体的教育资源应用率大幅提升,从而优化教育的政策、市场与社会环境。

优质环境会为智慧教育形成发展奠定强有力的根基。与此同时,利用健全教育产品与服务,建设教育产业链,把大数据更加深层次地推入教育领域,运用大数据促进国家方面优化教育决策,促进区域教育均衡持续发展,推动教学过程智能化和教育管理精细化,让教育生态系统最大限度地发挥功能价值,让全民享受到更优质的终身学习服务,从根本上推动教育事业的长效发展。

二、大数据时代信息化发展推动教育管理创新的策略研究

(一)教育管理体制需要在信息化下进行改革

管理系统包括三个方面的内容:隶属关系的确立、组织结构的建立和管理权限的划分。教育管理系统是指对教育管理的组织结构和权力归属进行划分,划分的时候既要注重培养目标的特殊性,又要体现教学水平,更要遵循教育教学规律。这隶属于大学的管理体制。传统的大学教育管理结构是金字塔形结构,是由官僚式组织结构形成的垂直自上而下的模式,"强调管理结构位于上层组织结构上的责任和权威"。教育机构是这个方面的代表。教育家罗泰就曾经表示,学校里,管理权集中在最顶端,权力集中分配,按等级分配。

时代的发展要求改变传统的教育管理体制,加大体制创新力度。在当今信息时代,学校的环境变得更复杂、更多样,这要求学校的管理方式既要多样化,也要兼顾个性化。传统的教育管理体制不灵活,无法有效适应内外部环境的多元化变化。新技术环境冲破了原有教育结构的刚性布局,信息传达形成了灵活多变的结构和扁平化的信息传递渠道。因此,对传统校园教育管理体制进行改革是有必要的。在改革过程中,信息技术提供了强有力的支持,为教育管理体制改革注入了新的活力,在学校管理组织体系中应用广泛。广大师生都是网络信息技术的拥有者,他们具备参与改革的知识和能力,是教育管理体制改革的领导者。同时,信息社会的到来,让教育管理者开始面临极大的挑战,也提高了对他们综合素养水平的要求,需要他们与时俱进,不断适应新时代,抓住机遇迎接挑战。

(二)利用信息化手段改革教学计划的管理方式

要深化教学改革,第一步要做的是改革教学计划。只有好的教学计划才能保证好的教学质量。制订好教学计划,是建立教学体系、安排教学任务、组织教

学过程的基础。教学计划一般是在国家相应教育部门的指导下,考虑全局效益,由教育学家或相关人员独立制订的。教学计划须符合教学规律,且一段时间内稳定不变,但从长远来看,也要不断及时调整和修正,以适应社会的新发展及经济和科学技术的进步。

教育管理者还要改变传统的教学观念,及时修正和调整教学计划。原因有以下几点:一是从社会对人才的要求来看,当今科学技术和社会经济人才发展的要求越来越接近,要综合社会对人才的要求来制订教学计划。二是就人才的成长而言,大学也只是学习的一个阶段,是终身学习的一个组成,并不是学习的终点所在。因此,在大学时期,不但要注意加强专业知识的学习与积累,更主要的是掌握学习方法,还要学会生存,学会共同生活,学会做事,也要注意提升创新能力与创造力。三是从整个世界来看,中国已经加 WTO,经济全球化的趋势发展迅猛,中国的人才要走向世界,参与竞争,中国教育也要注意对国际化人才的培养。

信息化时代要求我们紧跟时代潮流,准确预测社会对人才要求的改变,培养符合国家要求的人才。要达到这一目标,我们应该加强对信息技术手段的合理化应用,科学设计教育规划,并对其实时监控和及时反馈,制定出教学方案的评价标准,使高校毕业生尽量满足社会的要求。

(三)大数据环境下高校教学计划的制订

1.教学计划应该满足以下几点要求

(1)客观性

要尽量按社会主义市场经济的要求,设计多种人才培养模式,也要尽可能地考虑到未来环境的变化,设计多种智能结构。

(2)灵活性

学生要找到适合自己发展潜力的模式,学校要尽可能提供不同种类的多种模式。具体方法可以参考以下建议:

学分制方面,可以采用完全学分制。在信息技术大范围推广应用的进程中,远程高等教育得到了长足发展,任何科目、任何内容,学生都可以借助网络进行学习,不限于时间和空间。

安排教学时,需要充分合理地应用好信息技术,让学生拥有一个充分选择的空间,也要针对不同学生的不同特点设计符合其个性的教学过程。

应该将学生培养成这样的人才:整体素质高,基础扎实,专业能力也不差,注重知识的全面发展,能借助网络开阔眼界,丰富知识面,拥有终身学习与可持续发展的能力。但必须承认,对学生的各种类型的要求不可能有一个统一的标准,我们要鼓励其自由发展。

2. 制订教学计划的一般程序

对人才培养目标和业务类示范专业分析;了解有关文件精神和规定的注册研究;提出的意见和部门的学校教学计划的要求;主持制定教学纲领,系(院)教学委员会进行审议,由学校教学工作委员会复审核查,核查签字后由执行校长签字确认。

3. 学校教学计划的内容

学校教学计划的内容主要包括以下两个方面:确立合理的专业培养目标,设置合适的课程。因为专业培养目标的质量标准、课程的设置与人才的发展息息相关,本书主要研究培养目标的确立与课程的设置。在专业设置和专业培训目标的确立上,主要应用了调查的方法。调查的基本步骤包括:①凭借履历或理论分析提出若干备用的选项;②发放调查问卷,让被调查者在备用的选项中选择自己的意见或建议;③对所调查结果进行统计分析,按照被选择次数的多少对各个选项进行由多到少排队;④制订一定的规则,看看哪个选项占的比重较大。在整个过程中,要充分利用信息技术,借助网络收集信息,收集完后可以借助计算机对所调查信息进行统计分析,得出结果。同时,还应注意以下几个方面:一是要进行可靠的预测,对毕业生的就业情况有一定的把握,毕业生只有满足社会的要求,高校才能有较高的就业率;二是引入更多的优秀教师,完备实验仪器和必要的书籍,生活设施也应该尽量完善;三是要有尽可能宽的口径,形成宽口径专业教育模式,目前的情况是教学信息越来越不难获取,学习知识也变得更加容易,但是要进行知识的重组和创新变得比较困难,所以我们要重点训练学生的综合素质;四是要有学校自身的特点,学科建设要结合学校的地域优势和传统优势学科;五是考虑到专业的冷热门问题,并及时调整,满足需求。

信息时代下,高校要实施教育管理,首先应相对稳定和严格地执行教学计划,为此可以制订以下两条准则:一是将教学计划分为学期教学计划和年度教学计划,制订工作表,安排好每个学期的教学任务、教学教室等;二是由相关部门制订教学组织计划,如社会实践计划、实习计划、实验教学计划、培训计划等。不仅要有适当的政策和环境及保证教学基础设施,还要有教育管理和教师、学生相配合,这分别是教学计划顺利实施的内外部条件。在这个过程中要把握五个方面:一是要切实维护教学计划的严肃性和权威性,严格遵守教学计划,可以适当调整;二是在具体的实施过程中,严格选择计划材料,遵照教学大纲的要求;三是加强教师群体的力量,确保教学第一线与教学计划一致;四是制订教学质量评价方案并严格监测执行,可以借助信息技术建立自动的监测和反馈系统;五是教学组织与管理要严格按照教学计划进行。

(四)大数据环境下对教育管理人员的素质要求

知识密集、高新技术、人才聚集、思维活跃、信息渠道十分畅通,这些都是目前高校具备的特点。随着信息技术的快速发展,所有的教育管理人员的素养也有待提高。

1. 树立强烈的服务意识

管理的本质就是服务。教育管理人员不能把自己当作掌握权力的管理者,而应该作为一个服务者,服务学生,服务教师,服务教学,进而服务于崇高的教育事业。

2. 掌握教育理论和专业知识

作为教育管理者,教育的科学及其规律是基础,一些专业的知识必须掌握,如教育学、教育心理学、管理学和大学教育学等,如此才能让科学教育和教育管理得以实现。高校的管理人员既要具备充足的理论知识,也要掌握高等教育改革的理论。除此之外,还必须具备相关的专业知识。进行教育管理工作,是对学校现在的一切资源实现有效而科学的管理,所以必须学习相关专业知识,包括现代计算机方面有关管理的方法和档案的知识等,才能应对教育管理工作操作的复杂性。

3. 掌握现代信息技术,具有良好的信息素养

随着现代信息技术的飞快发展,我们必须掌握不断更新的技术,这样才能使管理效率不断提高。教育管理人员不仅要拥有极好的信息素养,还要具备高超的使用现代信息技术的能力。例如,教育管理人员在教育管理中会用信息检索知识并从网络取得需要的信息;会使用教育管理软件;掌握一定的英语知识,这样才能顺应网络技术与教育国际化的发展;要提高教学信息化管理的敏感性,了解人们具备的信息并清楚其需要的信息,如此才能使教学的质量提升,从而提升管理的效率。

4.具备较强的管理能力

(1)组织决策能力要比较强

当今社会,教育体制改革在不断加强,只有教育管理者具有较强的组织决策能力,才能制订教学计划,制定切实可行的政策措施,对整个教学过程进行加工,并结合学校自身优势做出科学合理的决策。

(2)教育科研能力要强

查找资料,深入研究,准确把握国内外各大高校特别是精英院校的教学情况及世界教育改革的趋势;要处于教育管理、教学第一线,或参与课堂教学,经常了解教学情况,对高校教学进行调查和研究,掌握整个学校的发展趋势,做好教育管理。同时,"教育管理是一门科学",实施教育管理和教学研究,是教育管理的共同任务。为了提高教育管理的质量和效率,研究者和教师有必要研究教育管理的特点和规律。

(3)要勇于创新,敢于开放,培养良好的集体合作能力

教育管理应该与时俱进,而不是一成不变。对当前高校的教育管理者来说,创新创造能力是他们最缺乏的。

(五)与大数据紧密结合

1.完善教育管理制度

教育管理系统是根据国家教育法律、法规等,由上级领导部门决策并制定条例与规则,作为教育的一个重要手段,维护正常的教学秩序,是一个国家的教育政策和制度的组成部分。

高校的教育管理制度主要有四个部分:关于教育材料的管理,如教学的计划、课程安排和总结等;关于学校学业进程的管理,如考试、教课进度、资料档案管理和课程的调换等;教师和教育管理人员的责任和奖惩制度;关于学生的管理。

为了提高教学质量,不仅要有教育管理制度,还应立足于各校实际,制定新的制度。一是应对教学工作多开会讨论,会议制度要详细确立,按期举办研讨会并进行会议指导,使教学工作制度化;二是要对管理加以制度化和规范化;三是合理安排考试,重视管理考试程序并制度化;四是建立和完善毕业生就业质

量评价体系,不仅要分析评价结业论文,还要有后续的了解,对毕业生多加关注;五是找专门人员对教育管理进行合理监督;六是关于研究革新教学工程体系;七是职业教育的评价也要标准化;八是教学成果情况的结果,如英语四六级和全国计算机考试的合格情况、职称结构和教师资格等。

2. 校园网推动教育管理的作用要发挥好

环境是基础,教育管理的基础就是校园网络平台的建设。如今的教学离不开信息平台,一是要特别注重校园网络的作用,尤其多考虑整体的发展,合理进行计划。二是统筹设计,充分考虑并实行网络的开拓、软件开发和校园网建设。在施工中必须非常理性,做好网络接口,分阶段建设,使效益最大化。三是软硬件要结合起来共同建设,由于设计软件耗时长,在进行网络改进时耗费时间会更多。教育管理的信息系统是由多方面组成的,可以独自设计,也可以买来现有的加以利用,尤为关注的是软件的合适及可以共用。四是专门应用,三点技术,七大管理,如此才能取得最好的效果。学校应该安排认真负责、技术过硬的老师担当校园网管理的重任,有效助推网络的多方面应用。五是加强深造培训。校园网影响全校教育管理人员、教师和学生的校园网络生活。学校应重视对教师实施优化管理及专业化的教育培训,合理制定有效规划,使学生和管理人员能够充分应用校园网满足各自差异化的需求,产生对校园网的认同感,而不是对其出现抵触心理。六是加强使用。最终的目的是创造效益,只有加强对校园网的应用程度,加强对校园网的完善力度才能真正发挥和增强其价值。

3. 教学要有足够的投入

如果没有丰富的物质资源作为根本支持,就无法保证价值的发挥,正所谓"巧妇难为无米之炊"。学校经费是教学运行的基础,好的学校一定是有充足资源的。当今,我国教育管理存在一些问题。首先,在教学中经费不足。我国高校经费一般由政府进行投入。然而,由于财政收入不足,投资是非常有限的,因此资金很紧缺。其次,能源投入缺乏领导力。由于各种原因,校领导对教学条件和教师不够深入了解,造成了教学品质降低,教师与教育管理人才投入不足。最后,一些学生不够勤奋,不能在学业上投入充沛的精力。事实上,学校对人才的培养,不仅要求硬件资源还要求软实力的投入,只有两个方面兼具,才能实现高效率的管理。如今,有一些途径可以用来改进教学:第一,不单单依靠政府投入建立各种投资系统,从不同主体入手,寻找不同方法;第二,合理划分经费投入,校园管理层认为教学是重点,导致了费用的不合理分配;第三,待遇从优,使教师没有后顾之忧,专心致力于教学,改变教师短缺的现象;第四,加强学生管理,增强学生学习的动力和压力。

第四节 教育管理信息化创新面临的挑战

一、教育管理信息缺乏实证性

当今信息技术带来十分容易得到的信息量,使许多人不再热衷于调查。一些管理者为图便捷忽视实际调查的同时,直接从互联网上下载其他机构的规章制度,这在教育管理规章制度施行中很常见。在有限的信息技术知识只供给我们有关"何时""何地""何事"的"硬性信息"的条件下,如果只考虑结果,却不能给我们带来思索和处理问题的方法,这是不够的。如果信息技术没办法与现实相呼应,只能是生硬的、无活力的应用。所以,在现代信息技术的支持下,信息和实践相结合是教育管理中必须特别注意的问题。

二、信息安全与保密是教育管理信息中的重大问题

教师、学生、课程、学籍、教材、教学、教学网站之类的信息等组成了教育管理信息系统。在现代信息技术的依托下,特别是教育管理中的信息系统,因其的开放性和互动性,在复杂的程序下,信息和教育管理系统自身的弱点和疏漏使信息极其可能被随意取出,被复制和拦截的问题在存储和传输过程中将十分常见,导致信息泄露,有安全隐患。虽然建立了访问,具有一定的权限,但有一些机密信息将被窃取或篡改(如黑客)。如其他计算机程序一样,计算机病毒的攻击也会对教育管理系统造成严重的破坏,如果系统瘫痪,学校范围内的教学将难以进行,由此带来的损失将是巨大的。

三、教育管理信息的零散及不对称问题

信息时代的进步给人类带来太多的信息,但是这也是一个阻碍。文化的浓缩是电子媒体带来的特色功能,然而随之而来的文化的碎片化是人们的一种障碍。如今在单位时间内人们收到信息很容易,这是由于日益发达的信息技术传递和处理带来的。教育管理人员拥有如此繁杂的信息,在选择时很可能错乱,特别是令人模糊的内容出现时,像是各种混淆视听的信息,这样就使判断产生

困难,管理或决策也容易有很大的问题。由此,信息在传播时也导致了新的信息匮乏。

信息不对称理论是由诺贝尔经济学奖获得者詹姆斯·莫里斯和威廉·维克瑞年提出的,主要是由于参与者对信息的了解和掌握有差异,双方拥有的信息不对等,由此在经济活动中,就出现了不对称信息下的交易关系和契约安排的经济理论。信息不对称理论最早产生于经济学领域,但近年来其提供的有新意的视角被用于教育领域。

在信息时代背景下,高校这个整体在和学生、教师之间、师生之间及教师相互作用中的内在关系,也存在信息不对称的表象,尤其是基于教育管理现象中的信息不对称。教学和管理中信息化在学生和教师两个方面各自水平要求有所不同,像是对计算机操作技能的不同的要求的水平,只有在网站信息发布学校的教育管理部门,忽略了对象本身,很难保证教育的公平性。对于教师教学质量的评价,在收集学生网上反馈时,教师可能过于严格,因此学生去进行评价时就会受多方面因素的影响,因而比较随意。如果教师的教学质量只取决于学生单方面的评价,这可能不会促进好的教师,反而会让有些不负责任的教师更加散漫,这样产生的教学质量评价也就不会具有一定的效用。

四、教育管理人员总的素质水平很可能降低

因为信息技术的限制,垄断信息来源和程序等形式,致使信息出现系统化、规范化、程序化,这样做不仅会造成信息的直接和片面,也让人们毫不费力地去直线反应,使行为僵硬、呆板。如果管理者在很大程度上依靠信息技术,就会失去独立探索问题的能力,还会脱离实际。以上行为会对教育管理者综合素质的发展产生不利影响。

五、教育管理信息化中产生的问题

(一)管理观念和体制滞后问题

教育管理信息化经过了多年的实行,而具体到实施过程的话,太多高校仍然把精力投入主要建筑和硬件平台,而忽略了现代、高效和智能化的教育管理理念,管理的概念、理论,还是习惯于传统的教学模式,管理模式没有与时俱进。

主要在于高校决策部门没有发挥作用,并且有关制度不健全,没有专门的职能人员的设置。

(二)没有全面深入的认识

在教学信息管理方面,高校对它的重视程度不尽相同,但问题却是有的,如了解的程度,相应的规划和机制没有建立和完善,没有给予足够的重视等。另外,一些学校忽视教育管理的核心任务,重管理教学;在机构设置上,人员配备的问题没有得到解决,没有相应的信息和科学的施工队伍;落后的思想,在复杂和混乱的局面中,仍有大量的工作,目前还不能有效地应用信息技术,管理方面也不健全。

(三)信息资源建设跟不上时代发展的问题

教育管理信息化的基础主要是对信息资源的有力建设,然而我国的信息资源建设很落后。其原因变现为以下三点:一是缺乏强有力的教育行政部门的指导和协调;二是学校之间没有沟通,也没有基本的出发点去统一、去相互支持建设;三是学校内部各部门之间很少进行沟通协作。管理的分离,使教育管理的数据共享无法得到充分实现,由此使各部分之间脱节,产生了很多不必要的行为,也使数据的准确性大大降低;这样分散的部门各自对管理信息系统进行关于本部门的工作安排,使数据被多次采集,增加了工作的负担,并且使学校整体的工作没有得到有效的改进,还浪费了人力。

(四)信息资源建设不够规范的问题

教育管理信息化最主要的还是进行信息资源的发展,开发和建设信息资源是教育管理信息化建设的基础,同时需要不断地进行探索,才能有所发展。信息资源的标准化问题在整个教育管理信息系统中起着关键作用。信息的编码规则是不是实用、直观,能被广泛应用,它的前瞻性能不能和现在及未来的教育管理模式相适应,这都需要加以考虑。采集数据时,要把握数据的精确性,用科学的方法得到科学的数据结果。只有把信息技术和教学信息资源展开深层次的融合,发挥二者在互相促进与互相补充方面的作用,才能打造完善化的教育管理信息系统。

（五）教育管理信息系统的开发问题

教育管理信息系统属于支撑和实行多校区远程教育管理的核心软件。它作为一个复杂的项目,需要大量资金投入,能涵盖很多区域,功能很强大,同时对技术的要求很高,需要长期开发才能实现。在开发的过程中,软件编程和代码编写都要求专业的人才并有大量经验,同时了解教育管理,具备教育管理经验,还应具备软件开发的条件和机制。事实上,对于普通学校来说,宜采取引进与购买两种发展相结合的方式。利用这样的方式能够明显提升软件开发效率,减少成本耗费,二者开发的重要依据是学校实际管理特征与个性化管理的需要。

（六）教育管理制度的定位问题

普通高校尤其是成立时间并不长的高校,教育管理体制确定的是学年制,如果完全实行学分制的直接飞越,就会让广大师生因为无法适应新管理,而产生一系列的问题。所以,在教育管理制度的定位和选择方面,一定要循序渐进,不能一下子到学分制,而是向着学分制过渡,要考虑到师生的管理适应度。

（七）教育管理队伍的建设问题

教育管理信息化是对技术和各方面要求极高的一项工作,因而对教育管理人员的素质要求极高。因为教育管理者与教育质量和信息化建设存在着不可分割的关系,只有促使他们树立现代化的教育观念,有效积累获取多元化管理知识,并且懂得创新,才能真正掌握信息化技术,进而为管理信息系统的构建做出突出贡献。所以,教育管理者一定是拥有极高综合素质的管理型人才。高校除了要在软件和硬件建设方面加大工作力度,还要加大对教育管理者的教育培训,不断提高他们的实际应用能力,培养信息素养,丰富他们信息技术知识技能。另外,信息管理的制度要健全,特别是考核和奖惩制度,这些制度只有科学规范,才能激励和促进信息管理队伍的发展。

（八）ICT 与教育管理融合不和谐

目前,教育管理信息化仍在不断探索,在单纯的信息和通信技术的研究和探讨方面,对教育教学指导不足;在单纯的管理理论和教育教学的规律方面,对研究 ICT 缺乏支持。这主要表现在以下几个方面。

1. 教育管理实践在发展中的矛盾

教育管理实践在发展中的矛盾体现在两个方面:一方面,是继承传统的教育管理模式,应对新的问题和产生的新技术,在新形势下由于固有的传统的思维定式,并且没有与时俱进的理论与思想的指引,人们不知所措;另一方面,是信息技术已应用于教学和教育管理,但应用不理想、管理效率低下的现象仍然十分严重,资源浪费现象还普遍存在。

2. 在教育信息化发展统一规划和协调方面还存在着很大的不足

宏观层面无法从学校和高等教育管理系统、应用平台等方面完全利用信息资源,更无法实现资源共享,这样使管理的效率有很大程度的下降。

3. 信息的标准化不够统一

各种教育软件业开发出来的产品各有不同,使极多的信息各自孤立,极难完全得到应用。

4. ICT 和教育管理的共融还难以实现

怎样使软件输出的资料适应教育教学基本规律,以及使现代教育中管理的理论与应用系统有效结合,让人性化管理和个性化服务的特点得以实现,是教育界和 ICT 界亟待解决的问题。

第四章

教育管理及其信息化建设研究

第一节 教育管理信息化的理论依据

教育管理是为了实现教学目标,按照教学规律和特点,对教学过程的全面管理,是学校进行教学的重要工作之一,是学校管理者依据一定的教育思想,通过一定的管理手段,本着遵从教学规律和管理规律的原则,对教学过程进行计划、组织、指挥、协调、控制,维持高校正常的教学秩序,以期达到教学资源的优化配置,并使教学实践能够达到预期目标,兼具实践意义与学术意义的活动,是学校所特有的,教育管理本质上也是学术思维与管理思维的集合。从某种意义上说,教育管理是一门能够在实践中推动教学发展的学术门类。一般认为,教育管理的研究理论主要基于教育心理学、教育管理学、高等教育学、教育技术学等教育学和管理学的相关学科。

教育管理信息化是管理信息化思想在教育管理领域的衍生,指在现代教育思想指导下,利用计算机、网络通信及多媒体等现代化信息技术,对教学过程进行管理,从而达到既定教学目标的状态或方式,是信息技术在教育管理领域的具体应用。教育管理信息化依托先进的信息技术,依据现代高等教育与管理思想,改变传统的教育管理方式,通过对教学过程实施高效率的计划、组织、指挥、协调、控制,以实现高校教学目标的过程。教育管理信息化不仅意味着教育管理信息系统相关硬件、软件平台的开发建设,更包含教育管理理念的现代化、科学化、高效化。

教育管理信息化是对传统教育管理方式的改变,其研究涉及教育学、管理学的相关理论,由于高校教育管理信息化建设包含教育管理信息系统硬件和软件建设,属于电子校务实施的一部分,因此其研究也涉及电子政务的相关理论。

一、理论基础

(一)教育学理论

教育学是一门独立的学科,是研究人类教育现象和解决教育问题、揭示一般教育规律的社会科学,是对教育活动过程中理论与实践经验进行归纳总结,并为未来教育活动提供经验参考的有目的地培养社会人才的实践活动。教育学的研究对象是在教育价值观引导下形成的、客观存在的实际教育问题,教育问题普遍存在于人类社会生活中,具有一定的必然性、稳定性、重复性、现实性、辩证性及科学性,教育学研究的最终目的在于通过对现实教育问题的研究,总结教育经验、归纳教育规律、形成新型教育价值观念,以科学的理论和观念服务于未来教育和创新型人才培养计划。

教育学涵盖的教育技术学、教育管理学、教育心理学、高等教育学等分支学科,都是进行教育管理信息化研究的理论基础。如教育心理学中的行为主义学派、认知学派以及建构主义的教育教学理论,为构建教育管理新模式的理论假设提供依据;教育技术学中的技术手段为教育管理提供了直接的实践方法;教育管理学是研究教育管理过程及其规律的科学,研究教育工作的管理和组织领导,包括各级各类教育行政机关和各级各类学校管理工作的科学理论和行动规律,认识教育系统及其政策,提升管理者的认识水平以及管理能力;高等教育学是专门以高等教育运行形态和发展基本规律为研究对象的具有综合性、理论性和应用性的教育科学,其立足新时期、新任务、新特点,探索高等教育和人才培养的基本规律。

(二)管理学理论

人类从事各项社会活动,必然需要进行指挥与协调,即需要一定的管理,于是管理学应运而生。这一科学是为了实现集体活动而采取相应的活动服务,是研究一个集体的形成、壮大、衰亡与运转方式的科学。具体而言,管理学负责解决的是人、财、物的运转方式问题,目的是使人、财、物的配置达到合理预期。在方法上,管理学需要综合使用定量分析与定性分析。尽管大多数管理学理论及学术流派的研究主要针对企业管理,但是管理学理论对教育管理理论的形成和发展,对教育实践活动同样具有指导意义。

从包含泰勒为代表的科学管理、法约尔和韦伯为代表的行政管理两种思潮的古典管理理论到人际关系理论,再到行为科学理论,管理理论经历了三次重大飞跃,这些管理理论的每一次发展都对教育管理产生了不可忽视的影响。

1. 科学管理理论

科学管理理论是 20 世纪最早的管理学思想,以效率为核心思想;对教育管理领域的影响主要表现在:教育效率观的引入、教育标准化运动和教育测评运动等。

2. 人际网络理论

人际网络理论对教育管理的影响,主要表现在:强调集体视域下每个个体行为对整体行为的影响,以及个体心理与集体思维的离合关系。重视教师参与学校的教育管理;重视民主教学和民主监督等。

3. 行为科学理论

行为科学理论对教育管理领域的影响主要表现在:为教育管理提供多纬度的研究视野;强调教育管理的实证方法研究;提出在教育管理研究中将学校看作一个开放的系统,使人们对学校和外部环境的关系有了更进一步认识。

(三)电子政务理论

电子政务指高效、开放的政府凭借计算机技术、现代通信技术等高新技术在安全可靠的网络平台上行使管理职能,开展政务活动。电子政务已成为经济社会发展的重要手段和基础。

教育电子政务是电子政务在教育领域推广和应用下的产物,作为教育信息化建设的重要组成部分,加强电子政务在教育领域(如教育行政部门和学校相关部门)的应用,对于实现教育管理现代化方面将发挥重要作用,不仅是现阶段教育行政部门和学校转变管理职能以适应现代化建设的重要方向,对于提升教育行政管理部门和学校职能部门的工作效率和质量、加强内涵建设及建立健全的教育管理体制方面同样意义深远。不仅如此,更是现代信息社会发展的内在要求,是推动实现国家信息化发展整体战略规划的必然选择。

(四)教育管理理论

教育管理是高等教学的重要工作之一。它是管理者通过一定的管理手段,使教学活动达到学校既定的人才培养目标的一个重要过程,是维持正常教学秩序的保证。教育管理不仅是一般的行政管理,还兼有行政管理和学术管理双重职能的一门科学,是一门研究教育管理的本质、思想、内容、方法、特点及规律的科学学科,是研究"以教学为中心,以高水平的教学质量为目标,以科学管理为主线"的教学及其组织管理的客观规律与内在联系的学科。

(五)信息科学

信息科学是人们在对信息的认识与利用不断扩大的过程中,在信息论、电子学、计算机科学、人工智能、系统工程学、自动化技术等多学科基础上发展起来的一门边缘性新学科。它是以信息作为主要研究对象,以信息过程的运动规律作为主要研究内容,以扩展人的信息功能,特别是智力功能作为主要研究目标。教学是通过教学信息的交流活动促进学生掌握知识信息与自我发展的活动。信息科学与教育科学和教育教学实践有着必然联系。

(六)系统科学理论

系统科学是系统论、信息论、控制论的统称,通常称为"三论","三论"几乎同时产生于20世纪40年代,虽然有各自的理论体系,但它们之间既有区别,又相互渗透、相互联系,形成系统理论。应用于教育管理信息化,是教育管理科学的新思维、新方法。这个提法的逻辑起点应是"从教学工作管理系统结构的总体上把握现象",即把工作的对象放进教育管理的大系统中。

1. 系统论

"系统"源于古希腊语,是由部分构成整体的意思。系统论认为:整体性、能动性、相关性、涨落性、分歧性、突变性、模糊性、自组织性、不可逆性、系统与环境的相互作用性等是所有系统共同的基本特征。系统论不仅是反映客观规律的科学理论,还是科学方法论。系统论的核心思想是系统的整体观念。从系统论的观点分析,教育管理是一个系统,具备了系统论的特征。教育管理在工作职能和管理方式上是由不同要素组成。从其工作职能看,教学工作管理系统包括了教务管理子系统、学籍管理子系统、考务管理子系统;从其管理方式看,随着网络化的迅速发展,现代信息技术与传统概念上的教务工作相互融合、相互促进,共同发挥着重要作用。

2. 信息论

教育管理属于信息管理,是一个动态系统,是一个持续不断的发展过程。

它的内容繁杂而琐碎,主要包括:学生信息与学籍的管理;教学计划和课程的设置;各类考试的组织与安排;学生成绩信息与相关证书的管理;文件的保管、通知与传达等,其信息类型丰富、信息量很大,学生信息、课程信息、考试信息、成绩信息、管理信息等构成了信息的内容,对这些内容的收集、存储、处理、传递和整合就构成了教学信息管理。

3. 控制论

控制论是研究系统控制与调节的科学。按照系统论的观点,教育管理可以称为一个大系统,其中包含若干小系统。因此控制的问题也是普遍存在的。教育管理作为一门科学,具备严密的逻辑结构和工作的程序性。而程序性管理就是在教务工作中抓住主要环节,实行流程控制、阶段把关、全过程管理,做到管理工作流程化,这是教育管理环环相扣、相互制约的内在逻辑的反映。利用控制论的原理指导教育管理工作,可不断发现新问题,并提出有效的解决方案,完善管理,提高质量。

4. 业务流程再造(BPR)理论

业务流程再造就是对工作流程进行系统分析。业务流程再造理论包括:流程管理思想,组织和人的管理思想,信息技术对组织的影响等。

教育领域的流程再造就是运用企业流程再造的基本理论,从宏观和微观两个层面探讨对教育管理进行流程分析和再造。

当高校的教育管理流程、组织结构等不能适应环境的变化时,将业务流程再造的理论与方法应用于高校管理中,对低效的关键流程进行识别与改进,最终实现组织结构的优化和内部管理效率与效果的提高,已成为高校管理改革必然的选择。

5. 数据挖掘技术

数据挖掘是从大量的数据中挖掘出隐含的、未知的、用户可能感兴趣的和对决策有潜在价值的知识和规则。数据挖掘的出发点是代替专家从大量的数据中挖掘出隐含的知识,是用于开发信息资源的一种新的数据处理技术。数据挖掘的目的就是帮助决策者寻找数据间潜在的知识,对决策者在现有的信息基础上预测未来的发展趋势并做出决策是非常有用的。

教育管理需要进行大量的信息管理,这些信息彼此存在着或明显或隐含的联系。将数据挖掘技术应用于教育管理中,应用关联规则、回归分析、聚类分析、偏差分析等数据挖掘技术手段对信息进行加工,从中获取反映规律性、倾向性的知识,有助于推动学校教学改革和建设的全面发展。

二、教育管理信息化的必要性

(一)教育管理信息化是适应信息化时代发展的必然要求

信息化是当今世界社会发展的大趋势,以网络技术和多媒体技术为核心的信息技术已成为拓展人类能力的主要工具。近年来,校园数字化建设越来越受到重视,校园信息化发展迅速,规模不断扩大,为教育管理信息化创造了有利条件。掌握并运用信息技术,更快、更好地获取和利用信息来进行教育管理已经成为衡量高校教育管理质量的重要标志之一。

(二)教育管理信息化是高校改革发展的必然要求

为了顺应经济社会发展的需要,高校的教育越来越侧重于对学生的能力和素质的培养。目前,已经有不少学校实行学分制,大量开设选修课程,使教学模式日趋灵活多样,这便对教育管理手段提出了新的要求。同时,为了提高高等教育普及率,近年来,高校不断扩大招生数量,办学规模的变化也给教育管理工作带来了前所未有的挑战。只有充分运用信息技术手段进行教育管理,提高管理效率,才能适应高校改革发展的需要。

(三)教育管理信息化是当前教育管理模式创新的必然要求

传统的教育管理工作,要人工处理教学过程中产生的各种信息,因而工作量大、重复劳动多、效率低下。利用现代信息技术来进行教育管理,不仅可以改善传统管理模式存在的上述问题,还可以实现如教学信息资源共享及快速集成等许多传统模式不能实现的功能,从而提高教学信息处理的自动化、科学化程度。实践证明,教育管理信息化是实现教育管理现代化的重要途径,是当前教育管理模式创新的必然趋势,必须加紧推进。

(四)教育管理信息化是提高教育管理质量的必然要求

教育管理是一项庞大的系统工程,头绪多、涉及面广、数据量大、随机事务繁杂,尤其是随着近几年扩招,在校生人数剧增,给教育管理工作带来了巨大的压力。不仅如此,作为教育管理工作灵魂的教育管理理念,从思想到实践都需要一个转化的平台。如果教育管理方法与手段仍然停留在过去落后的手工操作阶段,那么就会严重制约教学改革和教育管理工作的进一步发展。因此,将先进的教育管理理念与现代信息技术相结合,构建适应教育发展新潮流的信息服务平台,实现教育管理的信息化,成为整个教育管理工作的重要任务。

三、教育管理信息化的意义

(一)教育管理信息化是当前教育管理模式创新的必然趋势

教育管理工作的核心和基础,管理工作的效率和质量直接影响学校的办学效益和人才培养质量。随着信息技术的迅猛发展及学校的改革和发展,学校教育对教育管理工作提出了更高要求。传统的管理方式已不能适应信息时代教育管理的需求,运用信息化手段进行科学管理,已经成为亟待解决的课题之一。学校为适应终身教育、素质教育,以各种灵活多样的学习形式的需求,使用信息化的教学手段,避免了大量的重复劳动,实现了教学信息资源的共享及快速集成。实践证明,教育管理信息化是实现教育管理现代化的重要途径,是当前教育管理模式创新的必然趋势。

(二)教育管理信息化是提高工作效率的重要途径

随着我国教育的快速发展,学校办学规模的不断扩大,在校学生人数的不断增多,办学层次出现了多元化规模,出现了多校区、跨区域的多地多点办学,同时进一步推行了全面学分制。这些变化使教育管理任务越来越繁重、越来越繁杂,增加了管理工作的难度和复杂度,而传统的管理模式已无法实现高效管理,学校教育管理信息化已成为教育管理现代化的迫切要求。

(三)教育管理信息化是教育管理规范化的有力保障

教育管理是一个庞大的系统工程,工作事务杂、环节多、工作量大,没有科学的手段和严格的规章制度是无法保障教学秩序的。教学工作规范化管理是比常规教育管理更高层次上的管理,几乎涉及教与学的所有方面,其基本信息更是渗透到教学各个环节且贯穿始终,这就要求必须按一定规范流程进行科学的管理,而信息化有助于这一管理流程的实现,通过完善的信息化管理制度,可以规范管理,保证教学效果,提高管理效率,有效地提高教育管理的规范化和现代化水平。

第二节　教育管理信息化建设目标

我国高校实施教育管理信息化建设是为了适应高等教育事业发展,实现高校教育管理高效、科学和规范,为新时期高校人才培养质量的提高提供保障。因此,将高校管理内容进行信息化梳理,对提高高校信息化管理水平、增强教育质量都具有重要意义。

一、突出教育管理信息化地位

教育管理信息化在学校教育管理各项事业中的重要突出地位,是衡量高校教育管理信息化建设目标的重要标志之一。

教育管理信息化的突出地位,意味着学校决策层在教育管理信息化建设中能够意识到将信息化作为提高教育管理水平,促进人才培养质量提高的重要工作来抓,一方面,表现在从事教育管理信息化建设所需的政策、组织机构、配套管理制度等软环境,能够满足教育管理信息化建设需要;另一方面,表现在进行教育管理信息化建设所需的财力、人力等物质保障条件,能够达到教育管理信息化建设过程要求。

二、优化教育管理信息系统运行效果

教育管理信息系统是教育管理信息化建设应用解决方案的核心,其运行效果是教育管理信息化建设最显著的表现。因此,教育管理信息系统运行效果优良是完善的教育管理信息化建设应该具有的最重要和最基本的特征。因此,教育管理信息系统运行效果应该具备以下几个要素:

从软件自身方面来看,其技术实施方案先进,功能比较完善,用户界面友好,便于学习和使用,同时能够较好地适应学校的实际教育管理过程,完成学校教育管理工作中各项教学事务的处理;软件智能化程度高,能够高度减轻教职工完成教学事务处理的工作强度,使用效率高。

从组织机构方面来看,学校的信息化组织架构完善,级别层次高,校领导担任信息化组织机构负责人,设有专门办事机构。从机制上保障对教育管理信息化建设进行长期规划和指导,为教育管理信息系统在学校教育管理中的广泛应用提供强有力的支撑。

从配套制度方面来看,学校教育管理信息化建设的相关配套制度制定比较完善,为教育管理信息化实施的规范、透明、公正奠定基础。完善的教育管理信息化相关配套制度,既可以规范和约束教育管理信息系统正确使用,保证教学运行数据的真实有效,又可以促进教育管理服务的各种办事流程建章立制,便于相关教育管理服务信息的对外发布和接受监督,保证教育管理信息系统长期规范使用的连续性和透明性。

三、教职工适应信息化工作环境

广大教职工是教育管理信息化建设的主体和最终受益者,他们对信息化工作环境的良好适应,也是教育管理信息化建设取得良好成效的重要体现。教职工具备良好的信息化工作环境适应能力表现在:①具备较高的信息技术应用水平,能够熟练使用现代信息技术从事教学活动,熟练应用教育管理信息系统完成各项教育管理服务事项的办理;②具备良好的信息素养,具有主动使用现代信息技术从事教学和完成教育管理服务事项办理的意识,并愿意接受教育管理信息系统使用后带来的高效、便利的好处。

完善的信息化服务是学校教育管理信息化建设取得良好成效的高层次要求。高层次的教育管理信息化建设不仅意味着只着眼于解决教育管理中的各种问题,实现各项管理职能,减轻教职工从事教育管理工作的劳动强度,还应该满足广大师生对各种教育信息化服务的需求,助推教师教学能力的提升和学生的成长成才,促进教育管理部门的职能从侧重管理转变为侧重服务。

第三节 国外教育管理信息化建设经验启示

以计算机和网络技术为代表的现代信息技术,在国外发达国家的众多行业都得到了高水平的应用和发展,这些国家高校对现代信息技术在教学方面的应用和研究起步较早。长期以来,国外发达国家的高校一直致力于探索教学信息化建设,并取得了较高水平和成功经验。发达国家的高校教育管理信息化建设高度融合于教学信息化建设的研究,对我国高校教育管理信息化建设具有重要的启发意义。

一、重视高校教育信息化理论研究

教育信息化问题最早见于 1993 年美国《国家信息基础设施》报告中,并随着信息通信技术快速发展和广泛应用,逐渐发展成为美国教育改革的基本方向和突破点。时至今日,在信息技术影响下,教育信息化已经成为美国教育改革的一大重点。

日本也在早期重视教育信息化的理论研究。1999 年,日本文部省向大学审议会提出有关"全球化时代高等教育的发展方向"问题,要求进一步实施高等教育改革,重点改革各大学的信息化教育。2001 年后,日本各大学纷纷制定教学信息化战略;到 2010 年,日本大部分大学制定了教学信息化战略,标志着日本高校教育信息化理论研究和教学信息化建设进入一个飞速发展的时期。

二、重视高校教学信息资源建设

资源建设是高校信息化建设过程中的基础建设,是一切信息化行为开展的前提和保障。

美国高校教学信息资源建设主要集中在两个方面:①供教学过程中使用的各种信息技术工具和手段;②供学生使用的在线教学系统,如"学习/课程管理系统"。

欧洲信息化教育强调基础资源配置,为了保障信息化资源均等,欧洲诸国政府做出了巨大努力,也取得巨大成就。目前,欧洲已经建立起完善的信息化资源共享平台,学生通过校园网注册进入系统,便可以快捷地获取教学资源。

日本各高校也重视教学信息资源建设问题,并把丰富的教学信息资源作为吸引优秀学生报考的重要对策。日本各高校教学信息资源的呈现形态各种各样:灵活的计算机辅助教学授课系统、方便的电子化教学提纲、基于互联网和智能手机的快捷的学业信息提供手段等。

三、加强高校教学信息化组织建设

美国高校的校园信息化建设,将管理、教学和科研等模块进行信息化处理,取得的成效与美国高校校园信息化建设统筹规划以及系统化的校园组织和校园管理密不可分。

在美国高校信息化建设过程中,首创专门机构——CIO(首席信息官或信息主管),负责学校管理和学校组织,使高校校园信息化建设有了正规体制保障,从而推动信息化建设得更好、更快。通常情况下,作为高级管理职位,美国高校中的 CIO 一般是由副校长级别的领导担任,职责范围主要包括教学信息化、管理信息化、校园语音和数据通信项目等。此机构的主要作用在于处理学校日常工作,并针对整个学校的信息技术发展情况制定长远的发展规划,并负责执行方案的监督。经过长期实践,美国高校 CIO 对于校园信息化建设的重要作用,表现在对美国高校信息化建设中的技术规划、管理和政策制定的指导。

四、加强高校信息化制度建设

信息化相关政策的制定,也是美国高校信息化建设的一个重要组成部分。从 2002 年开始,美国高校已经将信息化相应配套政策的制定,作为学校教学信息化建设的重点。

日本高校将信息伦理道德教育融入教学信息化制度建设中。随着信息技术在日本高校教学信息化建设中的广泛应用,日本各高校充分意识到信息伦理道德教育对于规范从事教学信息化建设的重要性。

五、重视高校师生信息技能培训

实施教学信息化,离不开对教职工和学生信息技能的培训。例如,美国高校针对教师、管理人员的计算机技能培训,在美国各级、各类高校以不同比例的规模开展。

再以新加坡为例。新加坡不仅社会经济发达,也是世界信息化程度最高的国家之一。新加坡的高校针对教师和管理人员,提供各种免费的信息技能培训,信息中心每隔一段时间都会在校园网上公布有关信息技能和不同软件使用的培训资讯,教职工通过上网注册,可以参加相应技能的学习。新加坡高校还通过各种途径,鼓励教职工参加信息技能培训。因此,该国高校教师普遍具有较高的信息技术应用水平,从而保证教职工参与教学信息化建设的能力。

第五章 我国教育管理信息化存在的问题

目前,我国教育管理正处于从信息化向智慧化演进过程中,虽然我国教育管理大数据平台建设取得了一定成效,但也存在一些问题,必须予以高度重视,比如,高校的信息化建设参差不齐,高校管理层对大数据、云计算技术认识不足、重视不够等问题。在数据化浪潮中,谁能及时把握先机,谁便能占领竞争高地。我国各高校要在顶层设计、体制机制、技术研发和推广探索等方面进一步加大力度,要坚持"以人为本"的理念和"绿色科技"的原则,推进数据资源的共建、共享和共用,从而使大数据技术真正成为促进学生全面发展、教育管理智慧化和学校内涵建设的利器。目前,高校大数据教育管理发展存在以下问题。

第一节　缺乏系统规划与法律法规体系

一、缺乏系统规划

我国数据中心重复建设现象严重,这包括高校数据中心在内,是普遍存在的问题。与此同时,我国数据中心一年的耗电量惊人,堪比三峡水电站的年发电问题。这些问题在高校领导是同样存在的,目前,高校每个部门、单位、院系都是一个"独立王国",各家都根据各自需求,建设有自己的 IT 系统,没有统一的系统,且存在成本、性能、安全及能源管理等各种问题,这对教育管理带来极大挑战和不便。每个学校都有门户网站及职能部门、二级学院网站等几十个甚至上百个,一般来讲这些网站对服务器并没有很高的要求,但是都建立自己独立的物理服务器,付出昂贵的成本,这实际上导致资源的严重浪费。虽然高校也建立了 OA 系统、一卡通、教务管理系统、学生管理系统等,但都是以业务流为主导,各个系统互不兼容,信息之门较闭塞。随着高校办学规模扩大、业务部门增多,学生往往要登录多个管理系统、等待审批。甚至在系统运维升级时,也面临着新旧系统中仍然处于活动状态的业务处理尴尬局面,新旧系统同时运行,增加了工作人员工作量。另外,各系统的不同步,对各种数据的精确统计会造成很大麻烦,例如,教务系统有一个学生人数、就业部门也有一个学生人数、奖学金评定部门还有一个学生人数,各种数据之间不能形成关联和同步更新,最后,各部门、各单位、各院系建设的后台数据库,一旦发生数据变化,就可能造成旧数据的缺失。而在线开放课程建设方面,一些高校还在观望或消极等待,有的高校什么都想搞、什么都想抓,优势特色不明显,成果成效不突出。这一切问题的出现,究其根本原因都是顶层设计不足。建立一个流程化、可管理、可伸缩、高可靠性、安全性、低成本、绿色节能的云化数据中心势在必行。大数据时代,高校管理者也需要加强数据素养和数据能力,这样才能对全校信息化建设具有统一论证及科学规划。由于国内教育信息化建设前期缺乏统一标准和统一规划,因此管理粗放,资源浪费严重,影响管理决策的准确性和针对性,建立基于教育云的统一教育管理平台是大势所趋。因此,高校要加强大数据教育管理发展的统一规划,在教育管理系统建设中引入数据流和业务流(工作流)理念,构建基于数据流的工作流信息系统开发模式,使数据在各个管理部门之间畅通流转。

二、缺乏法律法规体系

大数据平台建设及服务将成为未来高校发展的重要课题,那么随之而来的薄弱环节是维护的问题,而不是建设问题。由于错综复杂的人群及数据应用,高校大数据平台的安全与管理问题日益突出,这给高校带来了巨大的挑战。"成也萧何败也萧何",安全问题也是大数据技术发展的最大障碍,建立安全管理体系是建设智慧校园的重要保障。各类安全技术和防护手段,诸如加密、身份验证、访问控制等,涉及三个方面的内容:实体安全、运行安全和信息安全。实体安全包括环境安全、设备安全等方面;运行安全包括风险估计、备份和恢复等方面;信息安全包括操作系统安全、数据库安全和网络安全等方面。一方面,我国大数据法治建设明显滞后,目前,规范网络技术和保护个人隐私的相关法律法规有《中华人民共和国政府信息公开条例》《计算机信息网络国际联网安全保护管理办法》《互联网电子公告服务管理规定》《个人信用信息基础数据库管理暂行办法》《全国人民代表大会常务委员会关于维护互联网安全的决定》《中华人民共和国个人信息保护法》等,这些法律已满足不了实践的需求,高校出现的诸多信息失范现象急需统一规范。另一方面,促进高校大数据教育管理发展法律不够完善。近几年,我国相关促进高校大数据教育管理的政策陆续出台,例如教育部印发的《国家教育管理公共服务平台省级数据中心建设指南》;教育部出台的《关于加强高等学校在线开放课程建设应用与管理的意见》(教高〔2015〕3 号),第一次以正式文件的形式明确了对 MOOCs 的支持态度,为MOOCs 发展营造良好的政策环境;教育部办公厅印发了《教育信息化项目管理暂行办法》(教技厅函〔2016〕37 号);教育部牵头,充分发挥教育信息化专家小组智慧,计划完成《教育数据管理办法》的起草工作,以期对数据的采集、存储、共享和开放等方面作为规范。浙江省、安徽省等教育厅已制定了本省行政区域的教育数据管理办法。但是促进大数据技术发展和保护隐私的规定散落在一些法律条款中的,已无法适应尊严与权利的要求,用于规范、界定"数据主权"、数据安全管理的相关法律缺失,用于促进数据发展的激励法律缺乏。数据所有权、隐私权是高校大数据教育管理发展中不能回避的问题,这些相关支持体系尚不完善。

第二节　缺乏资金保障与专业支撑

一、缺乏资金保障

据教育部科技发展中心发布的调查结果显示,对数据平台(信息中心)建设经费投入情况,绝大多数学校认为学校的信息化投入还是比较高的。尽管如此,还是有较多普通全日制高校和高职、高专院校认为制约信息化发展的主要问题是资金投入不足。相比较而言,"211"院校的信息化程度投入很高,运行与维护成本高,资金已经成为我国高校大数据教育管理发展的重要制约因素。学校受经费限制,基本采取自维护的方式,这既解决了部分资金不足问题,又培养了信息化人才。通过以网养网,保障运行经费,业已达成共识,但也带来了一些负面影响。有些高校已经尝试流量区分,对正常的教学科研活动实施免费,以消除负面作用,这种积极尝试是一个良好的开端。当然,开放办学,大规模优质有偿 MOOC 应该也是高校增收的另一途径,这一切要求高校必须要有长远的眼光和战略的思维。当前,在我国高校大数据教育管理发展初期,有效的融资机制尚未形成之际,政府应担当起重要职能,加强对教育发展的宏观调控,加大对高校大数据教育管理建设的资金投入。高校也可以探索社会 BOT(Build-Operate-Transfer)等融资模式,PPP 融资模式(Public-Private-Partnership)等融资模式,将大数据教育管理中某些建设的资金和经营压力与社会力量分担,诸如网络、服务器、云平台及智慧宿舍等一些硬件建设项目,吸引社会企业、非营利机构或营利机构进入共建,到项目特许期或专营期满后,所有权和经营权转移给高校。

二、缺乏专业支撑

市场巨大、人才缺乏分别是我国大数据发展面临的最大优势和最大劣势。目前大数据产业炙手可热,无论国内国外,学术界与企业界之间的人才竞争都非常激烈,并且,我国目前还没有建立有利于大数据人才脱颖而出的培养机制。"本来我国教育界、科技界的人才就缺乏,而在大数据领域,统计、机械学习等相比而言更弱,所以这个问题需要引起重视。"中科院院士鄂维南说。高校数据中心建设需要一支技术过硬、分工明确、精干高效,且能够处理应急事故的复合应用型人才队伍,这关乎数据中心建设能否顺利开展。目前,全国有近百所高校设有信息安全本科专业,信息技术人才培养已走上专业化道路。但是信息技术、信息安全及大数据应用方面的人才仍然供不应求。

第三节　缺乏共享机制与协同创新

一、缺乏共享机制

由表 5-1 我们可以发现,我国在大数据平台和基础设施建设方面,呈现"重建设,轻应用"问题。同样,这些问题也在教育管理中存在。高校大数据发展分为三个阶段:管理为主利用为辅,管理与利用并重,管理为辅利用为主。而目前我国高校仍处于第一阶段,普遍存在"重建设轻利用"的问题。从教育管理现状看,现有业务应用系统大多独立存在,系统间难以实现数据共享与交换,海量数据得不到科学管理和有效整合。原因是高校缺少统筹谋划,各教育管理部门在建设自己的信息管理系统时各自为阵,使用的软件系统和数据标准都不统一,形成一个个信息孤岛。我国有大部分的数据中心闲置,一整天中大约15%的处理周期在进行工作(包括高校数据中心),而 Google 的在线应用的数据中心 CPU 利用率只有 30%。相对来说,科研信息化最突出的问题就是科研数据的共享问题。我国高校科研信息系统建设也较为落后,只有 20% 的高校建立科研知识共享平台,26% 建立科研项目交流平台,也是在教育部大型仪器共享政策的引领下,也才有 42% 的高校建立了仪器设备开放共享服务使用网络化信息管理系统。当然,武汉大学、厦门大学、复旦大学等在内的一批知名高校开始重视数据的深度分析和应用。例如,武汉大学建成了网格系统与高性能计算系统,正在进行物联网实验室与仿真实验室的建设,未来将以 Dragon Lab 学科研究与科研创新平台为基础,对校内外实行教学资源的全面开放;华东师范大学利用预警系统跟踪学生的餐饮消费数据,分析学生是否有经济困难,是否需要帮助。数据的分析利用才是数据中心存在的价值,虽然大数据资源的建设取得了一定的成绩,但是离重视建设到应用驱动、建以致用还需进一步突破。

表 5-1　国内主要大数据中心资源共享率情况

序号	大数据园区名称	数据共享率(%)
1	北京亦庄大数据基地	20
2	上海大数据新区	22
3	湖北宜昌大数据园区	18
4	重庆仙桃数据谷	18
5	黑龙江哈尔滨数谷	18
6	新疆乌鲁木齐大数据园区	18
7	陕西沣西新城	20
8	河北秦皇岛数谷	22
9	江苏苏州声谷	21
10	江苏扬州开发新区	20
11	江苏南京鼓楼紫金科创特区	18
12	江苏南京大数据产业基地	18
13	江苏南京浦口经济开发区	18
14	江苏昆山高新区	20
15	江苏常州新区	19
16	浙江宁波海曙大数据园区	22

续表

序号	大数据园区名称	数据共享率(%)
17	浙江东阳江北高新产业园区	19
18	广州深圳大数据园区	25
19	广东广州超算中心	25
20	广东汕头南山湾	20
21	广东东莞高新区	19
22	广东南海经济开发区	18
23	福建泉州大数据园区	18
24	福建长乐大数据	20
25	福建厦门大数据研究服务基地	20
26	天津滨海新区	20
27	四川成都天府新区	18
28	四川绵阳大数据新区	20
29	四川峨眉山区域旅游数据中心	20
30	贵州贵阳高新区	25
31	甘肃兰州新区	20
32	河北石家庄中国光纤产业园	18

二、缺乏协同创新

当前高校大数据教育管理发展还存在校企深度合作不足的问题。首先,大数据应用产品缺乏,活跃的企业不多。其次,成熟的教育软件不多,校企合力不足。目前我国高校信息技术软件应用系统建设模式主要有:购买成套产品、学校主导与开发商合作共同研发;用外包系统,很多定制;用外包系统,很少定制。其中,购买成套产品占大多数。我国教育管理软件不够成熟,由于企业擅长技术而短于业务,而高校擅长业务却短于技术,二者研发合力不强。因此,在系统实施过程中,技术企业要根据高校具体业务要求进行定制化开发,针对教育软件用户在教育实践中的痛点,研究急需改革和解决的问题根源。当然,更提倡高校相关专业教师发挥熟悉业务、了解实践需求的优势,自主开发研究系统。最后,还存在优秀智慧教育方案推广不足的问题。相比国际发达国家智慧教育,我国智慧教育起步较晚,智慧教育技术研发效能与觉醒程度及创新实力正相关,推广应用效能与观念解放及技术运用能力正相关。"好酒也怕巷子深",缺乏有效的宣传,导致优秀的高校教育智慧设备、教学资源和智慧应用方案得不到广泛运用。借鉴支付宝、滴滴打车、百度云等商业软件的宣传推广策略,智慧教育解决方案的宣传策略应更多注重体验性,营销策略及盈利模式更应注重分步有偿化或"貌似免费"法,技术策略更应注重简单化与融通化,即平台功能丰富、融通,软件使用简单易学。当然,智慧教育理念深入人心、智慧教育技术的"教技合一"必定是一个长期过程,通过有效的宣传和推广,可以将这个过程的时间变短。

第六章

我国教育管理信息化建设的对策和建议

第一节　创造良好的信息化条件下的教育管理环境

一、完善教育管理制度

教育管理制度是根据国家颁布的教育法规,上级颁发的规定、决定、条例、指示等制定的规章制度和实施细则,是通过规章制度进行的常规管理,是维持正常的教学秩序的一种重要的教育手段,是国家教育方针和教育制度的反映和组成部分。教育管理制度要编订成册,人手一本,做到出事时有据可依、有据可查。

高校教育管理制度可分为以下三类:一是教学基本文件管理制度,包括教学计划、教学大纲、学期进程计划、教学日历、课程表、学期教学总结等;二是必要的教学工作制度,包括学籍管理、成绩考核管理、实验室管理、排课与调课、教学档案管理制度以及教师和教育管理人员岗位责任制和奖惩制度等;三是学生管理制度,如学生守则、实验守则、本科学生实习工作规定、学士学位审定管理办法等。

为了提高教学质量,除了这些教育管理制度外,根据学校的具体情况,还可以建立以下制度:一是建立健全教学工作会议制度,包括建立定期召开全校教学工作会议制度、建立校长办公会专题研究教学工作会议制度、建立学校领导教学工作现场办公会议制度、建立教学工作例会制度;二是建立学校领导听课制度;三是加强考试管理制度建设,如建立抽考制度;四是建立和完善毕业生质量评估制度,包括建立毕业论文(设计)评估制度和建立毕业生质量追踪调查制度;五是建立专家督导制度;六是建立健全教学研究项目和教学改革课题立项制度;七是建立专业办学水平评估制度;八是建立教学工作基本状态数据发布制度,如大学公共英语四、六级通过率,计算机等级考试通过率,教师队伍职称及学历结构,生均仪器设备值等,待条件成熟时将向全校和社会发布。

为信息化条件下高校教育管理制度的完善还应建立的制度:一是建立教育管理信息化标准制度。高校的教育管理信息要在国内和国际交流和互换,就要制定相关的制度,保证数据的可共享性。二是建立有关高校信息化建设的制度。为了推进学校的信息化建设,首先要加强校园网建设和图书馆的信息化建设,制定相应的改革措施和制度。重视教师和教育管理人员在应用信息技术过程中的作用,制定教师和教育管理人员信息技能的培训政策,让有经验的教师与计算机技术人员共同组成培训小组,为教师和教育管理人员提供操作、技能和问题方面的培训和指导。利用信息技术开发和设计教学课程软件,并把教师和教育管理人员信息技能水平作为其职称晋升的指标之一。

二、建立基于校园网的教育管理平台

任何事物都处在一定的环境当中,教育管理也有它存在的环境,信息时代教育管理的环境是基于校园网的网络平台。所以要加强教学管理,就需要加强校园网的建设。

(一)整体规划

在校园网络建设前必须明确这个网络的内涵与外延,为什么建网,建后将在网上干什么,哪些是一步到位的投入,哪些是逐步升级渐渐完善,怎样融入学校的特色,施工的监理与验收的规章如何制定,整个校园网的文档如何规范,建网的标准化,对诸如此类的问题要有所思考。

(二)分期建设

网络建设中一项重要的设计是可扩展性,硬件的发展,应用的深入决定了校园网建设的阶段性,良好的网络应具有很强的可持续发展能力。在建设中必须十分理性,预置好网络的接口,分期投入分期建设,使有限的资金发挥最大的效能。

(三)软硬兼施

在硬件建设的同时要加强软件的建设,因为软件设计的周期往往比网络建设用得时间长,相对地完善过程也比较长。教育管理信息系统包括教学指挥管理系统、教学运行管理系统、教学监督与反馈系统和教学信息查询系统。这些系统可以自己开发,也可以购置成品校园网软件,但都必须注意软件的适用性和共享性。

(四)专人管理

"三分技术,七分管理",这是网络能否发挥其最佳效益的关键。网络建好后因为管理不到位而导致网络应用能力下降的事例比比皆是。学校一定要选派一批责任心强、技术精湛、作风细致、熟悉教育的老师来负责维护校园网络,并在制度的保证下,推进在网上的应用。

(五)加强培训

校园网是面向全体师生和教育管理人员的,师生及教育管理人员对校园的认同与应用决定了校园网的生命。学校要非常重视对教师和管理人员的培训工作,要针对网络应用制订周密计划,预先培训,使师生和管理人员明确将在校园网上开展的工作有哪些,并会产生怎样的效果。有了这种认同感,就会有应用的热情,而不会产生惧怕与敌对情绪。

(六)应用为主

完善的校园网离不开应用的支撑。应用就是效益,网络实际仅仅是一个载体,而网络的应用才是我们所追求的目标。

(七)数据共享

数据孤岛,导致数据重复收集,出处路径不同,管理混乱。只有连通孤岛,打通教育相关数据的对接,才能实现教育管理信息化

三、保证充足的教学投入

"巧妇难为无米之炊",没有投入根本就不可能办学校,而没有充足的投入

也办不成高水平的学校。办学经费在某种意义上是办学水平的保证。虽然最好的大学不一定是经费投入最高的大学,但最好的大学一定有相应的资源与之相匹配。纵观世界各国高校,没有一个世界一流大学是没有巨额资金作保证的。目前我国高校的教育管理存在严重的投入不足的问题。

第一,教学经费的投入不足。中国高等教育的经费来源比较单一,主要由政府拨款。而我国由于财政收入的不足,对高校的投入非常有限,因此高校的教学经费非常缺乏。第二,领导精力投入的不足。由于各个方面的原因,校领导召开研究教学和校务会议的次数减少了,深入教学第一线的时间少了,因此校领导对教师及教学状况的了解不够,直接导致教学中心地位的下降。第三,部分任课教师和教育管理人员投入教学工作精力不足。第四,部分学生学习不够勤奋,对自己的学习投入不足。而实际上要培养高质量的人才,在教育管理中,既有属于硬件的物质投入,也有属于软件的精力投入,两者结合,才能高效地实现管理目标。硬件不足,就更需注意软件的弥补。

针对以上问题,我国高校可以从以下几个方面来加大对教学的投入:第一,改变主要由政府单一拨款的局面,建立多渠道、多主体的多元投资体系;第二,引起领导对教学的重视,把教学工作当成学校工作的重中之重,校领导花更多时间和精力关心教学,学校的经费向教学倾斜;第三,增加教师的待遇,让教师无后顾之忧,一门心思扑在教学上,改变教师投入教学工作不足的问题;第四,加强学生的管理,增强学生学习的动力和压力。

第二节　重视教育管理队伍的建设

一、信息化思维下高校管理队伍地位和作用

(一)信息化思维下高校管理队伍承担着重要职能

高校信息化专业队伍承担着学校信息化规划、设计、建设、应用与推广等技术和服务职能。

1. 信息化的引领者和设计者

在高校信息化管理建设过程中,教学技术与网络中心起的作用是比较大

的,不仅要进行信息化思维下的管理建设规划制定,还要进行后期的任务实施。在高校信息化管理建设规划和实施过程中,还需要网络信息技术及多媒体专业人员的参与与合作。在具体的信息化建设过程中,必须在及时了解信息化发展技术动态的基础上,引进和应用先进的信息化规划设计方法,并将相关方法运用到具体的实施过程中,只有这样才能不断完善学校信息化管理建设方案。在大力开展科学研究和实践工作分析后,能及时明确信息化管理建设中的相关问题,并明确问题产生的原因,及时总结和深入分析,促进高校信息化管理建设工作的正常开展。

2. 信息化的支撑者和保障者

教学技术与网络中心具有信息化建设日常运行的保障职能。在学校信息化建设和全面应用过程中,一支责任心强、实践技术过硬的信息化专业技术维护队伍,负责排查校园网络、应用系统、多媒体教学设备、公共微机及校园内各终端出现的故障,确保信息化基础设施的正常运行和系统数据安全。在计算机技术、网络技术、多媒体技术等领域提供专业技术援助和服务,成为教育信息化的支撑者和保障者。

3. 信息化的指导者和管理者

对于高校教学技术与网络中心来说,是存在多种职能的,不仅具备信息化建设职能,还具备培训职能和指导职能,同时具备管理职能。在具体的信息化管理建设中,要想让师生等人员熟练应用信息化工具,必须采取有效的指导和管理措施。对于学校教师来说,要加大教育信息化培训力度,让教师了解和掌握教育信息化技术和工具的应用方法,实现网络信息技术和学科教学的有效结合,最终提升教学效率。针对教师培训来说,可帮助和指导教师及时掌握新技术、新应用,将信息技术与学科课程有机整合,提高教学质量。针对全员培训来说,要通过培训,增强相关人员的信息安全意识,提高他们的信息素养。教学技术与网络中心是高校的教学辅助部门,不仅要管理计算机机房和多媒体教室,还要保证校园的信息安全。因此,对于学校网络技术人员来说,不但要具备专业化技术,还要有一定的管理意识,成为教育信息化管理的引导者。

(二)信息化思维下高校管理队伍的地位和作用

任何高校从办学到办好学,从小到大,从大到强,最关键的问题是质量。质量是高等教育的生命线。而提高办学质量最关键的是教师,教师队伍建设是关键。教师队伍的整体水平标志着一所大学的办学水平。师资队伍质量的高低,是高校教育教学质量的根本保证,师资队伍建设的好坏,是学生培养质量高低的决定性因素。法国教育家埃米尔·涂尔干说:"教育的成功取决于教师,教育的不成功也取决于教师。"

没有教师,不能成为学校;没有高素质的教师队伍,就没有高水平的办学质量。教师承担着全面贯彻党的教育方针的重大职责,肩负着办好人民满意教育的重要使命。高校作为国家培养创新人才的一个主要基地,是否有一支强有力的教师队伍和一批拔尖创新人才做后盾,将决定能否培养出一批又一批高素质的并且能够将所学知识创造性地运用到经济、社会和各项事业中的高智能的创新人才。

高校教育管理的核心是教师队伍建设。教师是组织与实施教学内容的主体,是教学活动的组织者、实践者,是教学方法的设计者、实施者。一流的教学内容、一流的教学方法、一流的教材、一流的教育管理,首先需要有一流的师资队伍。在高校的教学建设中,教材、教法、教师"三教"关系处理的核心在于教师。在教学过程中,应有效把握和正确处理知识传授与人才培养的关系、教材与教学内容的关系、科研与教学的关系等,因为每个环节都离不开教师的参与和作用的发挥,起决定性作用的是教师。

通过建设师资队伍,不仅能极大提升高校教学质量和管理效率,还能促进高校的后期改革和长久发展。大量实践结果表明,通过建设一支综合素质足够高的教师队伍和管理队伍,可以从根本上提升高校办学水平,提升学校教育质量,促进高校人才培养工作的有效落实。

高校管理队伍的地位和作用,是由管理工作在高校中的重要地位和作用决定的。管理是各项事业成功的关键。管理出动力、出人才、出效益,这已成为人们的共识。美国当代管理权威德鲁克说:"所谓发展中国家,并非发展落后,而是管理落后。"实践证明,高等院校的师资、生源、经费、设备、技术、校舍、环境等"硬件"建设固然是办好学校的重要因素,但还有一个重要因素,那就是"软件"建设,就是人们科学地组织、管理、运用"硬件",使其在相互联系中充分发挥相关作用,以保证实现学校整体工作的最佳效益和根本目标。高校管理工作的根本任务是要把自然的人,培养成德才兼备的社会主义事业建设者的接班人。高校管理工作在教育人、培养人的过程中,具有特殊的地位和作用。简而言之,它是通过对人的管理而达到教育人、培养人的目的。具体来说,高校管理系统是"人—人—人"系统。开头的"人"指的是教育者——教师,末尾的"人"指的是被教育者——学生,中间的"人"指的是从学校领导到一般职员的广大管理工作者,处于中间环节,具有桥梁和纽带的作用。高校管理工作者最重要的作用,就在于通过科学的、系统的、有效的管理工作,把教育者和被教育者,即教师和学生有机结合起来,充分调动和发挥"教"与"学"两个方面的积极性和创造性,最大限度地提高教育质量和办学效益,为造就更多、更好的适应新时代要求的社会主义事业建设者和接班人而做出贡献。此外,高校管理工作本身还具有直接的"育人"功能,管理人员在"育人"方面具有不可替代的重要作用。

二、信息化思维下高校管理队伍现状及存在的问题

(一)高校管理队伍专业化程度不高

高校管理队伍专业化是指能够掌握高校管理专业知识、具备较高的专业工作能力、相对稳定的职业化管理队伍。这样的一批队伍是实现高校管理专业化的保障,直接影响着高校管理和教学工作的效率和水平。建设具有专业化的高校管理队伍也是高校实现科学管理的要求,有利于提高高校的管理效能,而科学管理能够有效促进管理者的职业生涯拓展的空间,增加管理人员的积极性和创造性。当前由于对专业化的认识不足,以及对高校管理工作和队伍建设的重视性不够,导致目前管理人员在专业化建设方面存在着诸多的问题,主要表现在以下几个方面:缺乏现代的管理观念,管理理念陈旧,缺乏科学的管理知识,习惯凭借个人经验来进行管理工作;管理人员知识结构不合理,学历水平普遍低于教师队伍,降低了管理者的威信力和学校的凝聚力;管理人员专业学术水平低,专业知识不足,降低了为教师队伍提供支持的服务水平;管理队伍职业化水平低,管理队伍中大部分都不是专职的教师,没有受到过系统的管理学或高等教育的训练,不能适应高校科学管理水平。

(二)高校管理队伍建设缺乏科学的管理制度和机制

在当前的一些高校管理队伍建设过程中,还有应用传统化观念和方法的现

象,学校已经习惯于应用以往的方法加强信息化建设及信息化管理,并且在具体机构设置及人员编制问题上,无法及时解决,无法组建出专业素质较高的信息化建设队伍。

首先,目前各高校都已经改革人事制度,实施分岗位设置管理制度,这便挫伤了管理干部的积极性。管理岗位与专业技术岗位相比较,发展的空间狭小,晋升的机会较少,而且由于工资待遇是按照职员职级来确定的,因此管理岗位的待遇要相对低于技术岗位。其次,目前的考核制度很难对干部能力做出全面准确的评价。对干部的考核一般如民主推荐与测评、个别谈话、请群众评价等方式,在定量与定性方面缺乏科学的指标,导师考核内容模糊笼统,结果大同小异,难以激发干部的责任心。再次,干部流通与竞争选拔的机制不健全。高校内部存在着干部能上不能下、能进不能出的现象,因此干部在高校中处于流动静止状态,更遑论干部轮岗了。而在不同的高校之间,或者高校与党政机关之间的交流也非常有限,不少优秀干部,由于学校对外交流闭塞,而内部消化能力又不足,而不得不在同样职级上工作多年,降低了工作的积极性。最后,高校的用人选人机制不健全,没有制定出系统的、切实可行的竞争性选拔干部的具体措施和办法,导致有些优秀人才得不到发展的机会。

(三)教育管理信息化建设经费投入不足

对于高校教育管理信息化工作来说,其属于一项较大的工程,在这个工程建设中,不仅需要加强基础设施建设,还需要加强教学信息资源建设。在最初的教育管理信息化建设阶段,需要的资金往往较大,高校已具备一定程度的经费保障,但在我国很多高校中,仍存在办学经费不足的问题,这样就会导致教育管理信息化建设工作无法落实。

(四)教育管理内容的信息化含量和程度不高

在教学过程的组织上,多媒体技术特别是网络技术还没有得到广泛的应用。在教学行政管理手段上,网络化、智能化普及面窄,管理效率低下。软件重复开发,数据不能共享,信息资源建设滞后,建设上缺乏协调和合作,分散了信息资源建设的人力和物力。教育管理人员信息技术应用能力水平较低,信息管理能力不足,网络技术、智能技术还未能在实际工作中得到普遍的应用。

(五)高校管理人员个人综合素质有待提高

首先,高校管理队伍个人素质问题体现在政治素质方面。这是指从事高校管理工作所必备的政治立场、观点和品质。一些管理干部的理论水平不够深厚,学习主动性和自觉性不强,在思想道德与党性觉悟方面也有一些不足。

其次,管理理论和水平专业性缺乏,同时对高校管理规律缺乏认识和研究,学习能力不够,更缺乏创新,不能适应新形势下管理工作的要求。再次,管理人员的服务意识薄弱,"官本位"思想和特权意识膨胀,官僚思想浓厚。最后,高校机构臃肿,层级节制的官僚机构也对其服务能力产生损害。

(六)认识上存在误区

首先,高校突出教学工作,强调教师和学生的主体地位多一些。其次,只要求教学质量和学校下达的各项任务的顺利完成,至于管理人员的素质怎么样、任务完成的水平高低等重视不够。最后,在管理上只要求按章办事,按传统模式管理,开拓、创新方面能力不够,对高层次管理人才需求迫切性低等。

由于存在以上观念或看法,人们往往把高校管理人员当作学校中的附属者,认为是那些教不了书的人才去搞管理,长此以往,会出现不同程度的管理岗位人员年龄老化,学历层次偏低,知识结构不合理,创新意识不强等问题,加之长期不为人们所重视,或重视程度不够等问题,造成许多高校管理队伍整体素质较差、管理水平较低,管理效率、水平不高等状况。这些症结已日益制约着高校素质教育的实施,严重影响着学校的管理质量和管理水平的提高。

(七)重使用,轻培训

从事高校管理工作的人员来自不同的岗位,具有不同的专业背景,多数人没有接受过管理学、教育学方面的基本理论培训,又缺乏必要的继续教育时间与机会。由于从事日常管理,每天忙碌于繁重的事务性工作中,年复一年,他们只能凭着良好的愿望和有限的经验进行管理,甚至采取古老的师父带徒弟的办法进行"传、帮、带",缺乏运用现代方法去思考和管理新形势下的高校的能力,其管理水平根本不能适应高校建设发展的要求。

三、信息化思维下高校管理培养措施和方法

(一)认识到高校管理队伍建设的重要性,加强专业化队伍建设

认识到高校管理队伍的重要性是进行管理队伍建设的前提,要明白为什么需要高水平的管理队伍,以及高校究竟需要怎样的管理队伍。"所谓专业是指一群人在从事一种需要专门技术的职业,专业是一种需要特殊能力来培养和完成的职业,其目的在于提供专门性服务。"要改变过去忽视管理队伍建设的错误观念,更加重视高校管理队伍的重要性,并通过切实措施,制定有效规划来实现管理队伍建设的专业化提升。

为了加强管理队伍的专业化建设,提高管理队伍的整体素质,首先,应当实施职业资格证书制度。"职业资格证书制度是国家对各个行业从业人员规定的职业准入制度,它要求管理人员必须具备管理的实践经验,经过严格的职业培训,拥有丰富的专业知识等较高的综合素质能力。"同时,建立高校管理人员职业资格证书定期培训制度,并进行严格考核,不合格者取消其证书,以保证管理者从业能力的不断提高。其次,应该构建管理人员培训体系,要有针对性地,根据各个岗位、职位层面的不同来采取不同的培训方式,同时,促进管理者将学习的知识合理地运用到高校管理工作中,以知识来指导实践,促进管理者的知识水平和管理工作水平的提高。

(二)保证高校管理科学化

在经历了连续几年的扩招后,高等教育的规模迅速扩大,已经跨入了大众化阶段;以高教园区建设为特征的高校基本建设取得重大突破,高校的总体办学条件进一步改善;高等教育对外开放进一步扩大,高等教育国际化进程进一步加快;高等教育管理体制改革与高等学校布局结构调整工作基本完成,一批高校通过适当的方式实现了合并重组,使合并重组后的高校规模扩大,学科更齐全、更综合,发展潜力更大。

但是,高等教育在改革和发展中也存在着许多矛盾和问题,主要包括高等教育与经济社会发展还不够协调,体制改革、机制创新与市场经济发展要求还存在差距;高校办学经费不足,债务沉重,同时经费投入效率不高、资源闲置及

财力、物力的浪费问题仍在一定程度上存在;教师队伍总量不足,高层次优秀人才缺乏,同时教师队伍的不稳定问题又越来越困扰学校的领导者。存在这些矛盾和问题的原因是多方面的,但重要的原因之一是一些高校在着力抓扩招、抓建设时在一定程度上忽视甚至轻视学校的管理,突出表现为对学校的改革和发展缺少战略思考和整体规划;学校内部管理制度不健全,无章可循、有章难循,特别是有章不循的现象比较普遍,决策和管理主要凭经验、靠个人意志,主观随意性较强,科学化、规范化水平不高;片面强调管理就是"服务",忽视甚至轻视管理的组织、协调功能。

要想提升高校的办学水平和质量,必须提升高校信息化管理的水平和质量。在高校办学过程中,师资、生源、设备、经费等都是不可缺少的,但要想从根本上提升高校办学水平,必须不断创新和完善信息化科学管理方法,在结合高校客观发展规律的基础上加强高效管理。

现在,我国的高校教育发展正面临着新的转折点。在高校招生不断稳定化和改革化的基础上,高校教学发展的核心必将转移到科学发展和科学管理上来,这样,不仅为高校管理水平的提升提供了契机,也给高校管理提出了更高的要求。

1.树立科学的管理理念

管理理念是管理者对管理所持的信念和态度,是对管理的理性认识和理想追求。科学的管理理念是科学治校的先导。高校的管理者应深刻认识和掌握高等教育的发展规律及管理自身的运行规律,全面分析学校的内部环境和外部环境,对办什么样的学校和怎样管理学校做出理性的、全面的思考;应树立"管理是科学、管理出效益、管理是生产力"的理念,自觉运用科学的管理理念指导学校管理工作的实践。

(1)树立系统理念

高校既应把自身作为社会大系统的有机组成部分,不断强化社会责任感,积极履行社会职能,为促进经济的持续健康发展、维护社会的协调运行和动态平衡做出应有贡献;又应把自身的管理看作一个系统工程,自觉运用现代管理科学系统论原理来实现学校管理组织的系统化。应整体规划,统筹兼顾,使系统的内部结构有序、合理,与外部关系协调,通过协调使有限的人力、财力和物力合理、协调地统一使用,以发挥最大的效能。应科学地认识高校管理系统的层次性,自觉地按层次进行管理,使管理的各层级、各机构及其工作人员各就其位、各司其职、各行其权、各尽其责,保证系统高效率地正常运转。

(2)树立以人为本的理念

现代管理理论已不再把人视为"工具人""经济人""社会人",而把人视为"资源人",强调以人为本。高校是高层次人才的集聚地和培养地。高校的教育者大多学历层次较高,他们具有较强的社会责任感,更加注重精神上的追求和待遇,更加关注个人的发展机会;高校的受教育者作为培养对象,是正在形成的高层次人才。因此,高校的各项管理工作更应体现出以人为本的价值取向,尊重人、依靠人、为了人,凝聚人的力量,提升人的素质,开发人的潜能,促进人的全面发展,以集聚更多的高层次人才,培养更多全面发展的人才。

(3)树立依法办学的理念

在具体办学过程中,高校相关行为是受法律监督管制的,高校必须主动配合法制部门的管理,还要把法治精神带到院校管理中,通过完善和严格执行校内规章制度,从根本上维护好校内规章制度的权威性,以实现校内管理和运行的规范化。

2. 构建科学的管理组织

组织就是具有一定的共同目标和一定的活动规范的社会群体。高校作为实施高等教育的社会组织,其组织结构较复杂,内部分工在很大程度上与学科有关,组织成员的智能水平较高。因此,构建科学的管理组织对提高高校组织系统运行的有序性、提高工作效率具有现实意义。

(1)创新组织结构,完善权责体系

坚持和完善党委领导下的校长负责制,科学、合理地配置校党委、校长、学术委员会、教职工代表大会的权力,使其既相互配合,又相互制约,以保证学校组织系统运行得规范、有序、健康、高效。应正确处理党政关系,校党委着重抓重大问题的决策、抓制度建设、抓保证监督,支持校长独立负责地行使职权,同时强化对学校行政工作的监督,保证其依法办学、按章办事,防止滥用职权和行政不作为,以改善和加强党委对学校工作的领导;应正确处理校长负责和民主管理的关系,适当扩大院(系)职权,强化院(系)职能,尊重和支持教职工代表大会和学术委员会依法履行职能,充分发挥他们在学校民主管理、学术管理中的作用,以实现学校管理的民主化和科学化;正确处理学术自由和行政调控的关系,在学术事务的管理中应尊重学术权力,不应脱离学术权力的支配而行使行政权力,更不能以行政权力代替学术权力,以保证学术管理的科学化和权威化,同时坚持正确的政策导向,正确运用行政权力和政策"杠杆",强化行政调控,以提高行政效率。

(2)完善组织管理制度,用制度约束干部的行为,规范权力的运行

在学校组织管理中,既应对学校组织结构中各权力主体的职权划分等做出制度安排,又应对组织结构中各组成部分内部的机构设置、职权划分、人员编制及各级各类人员的岗位工作规范等问题做出具体的规定;既应根据党的方针政策和国家的法律法规,结合学校的实际,制定贯彻落实党和国家有关规定的更具针对性、操作性的具体规定,又应在不违背党的方针政策和国家法律法规精神的前提下,遵循高校的办学规律,总结高校改革发展的经验教训,研究制定指导和规范各项管理工作的规章制度,以及应对学校改革发展中遇到的新情况、新问题,创新生成新的规章制度;既应进一步完善实体性规章制度,又应重视程序性规章制度建设,更应重视保障性规章制度建设,用制度保障对违规行为进行处理和纠正。

(3)探求科学的管理方法

要想促进信息化管理建设工作的快速落实,高校必须在结合内部管理情况的基础上,不断创新和完善信息化管理方法,要通过管理创新,改变以往落后的办学状态;要在社会发展需求和市场发展需求的基础上,适当调整和增设新专业,及时修改和完善人才培养方案;还要通过加强科研课题立项等,强化市场意识,挖掘信息化管理资源的潜力,最终提升办学水平和办学效益。另外,在具体的信息化管理过程中,不能一味地依靠个人经验进行管理,不仅要应用科学合理的管理方法,还要严格遵循相关制度和标准加强管理。

(三)树立全面的教育信息化管理观

1. 必须确立以现代教育理论为指导的教育管理创新理念

推进教育管理信息化必须进一步解放思想,以现代教育理论为指导,以变革传统的教育思想为先导和动力,实现管理创新。信息化的教育管理创新,要求教育管理主体对传统的教育管理理念、教育管理模式、教育管理方法和手段进行客观分析和取舍,根据知识经济时代对人才培养的要求,充分吸收借鉴校

内外教育管理改革和实践的有益经验,探索与知识经济时代教育改革发展相适应的教育管理新路子。

2.必须强化五个方面的教育管理观

第一,在人才培养模式上需要强化的观念:培养厚基础、宽口径、复合型、能创新的高素质人才;把素质教育、创新教育贯穿于人才培养的全过程,坚持通识教育与专业教育并重、学问修养与人格修养并重、知识能力与素质并重,针对不同教育对象因材施教,实现人才培养模式多样化,而人才培养模式改革必须落实到课程体系、教学方式和管理方法等方面。第二,在学科专业建设上需要强化的观念:学科建设是高校建设中一项综合性、战略性的建设工作,是高校建设的龙头,是高起点的科学研究和高质量的人才培养的基础;当代科学技术迅猛发展,使各类学科既高度分化,又高度综合,学科之间交叉、融合是信息技术发展的必然结果。

3.在教学过程组织与管理上需要强化的观念

制定教学大纲和教学内容要努力体现以信息资源为基础的改革思想;课堂教学要积极引进现代教育技术,要实现网络进课堂,扩大课堂教学信息量,提高学习的效率;在实践性教学环节上,要积极创建实践基地,实现实践基地网络化。

4.管理注重效率

在高校教育信息化管理过程中,要想真正管理出效益,就必须进行科学合理的教学行政管理,这可以从根本上提升高校信息化管理效率。具体来说,在高校教学形成管理中,要明确教学行政管理运行机制,还要建立有效的信息渠道,实现网络信息技术和信息服务的有效结合,并加大技术创新及服务创新力度,在提升教学行政管理效率的基础上,促进高校信息化管理建设的有效落实。

5.在教学质量管理上需要强化的观念

教学质量是高校办学水平的综合反映和集中体现,也是高校的生命线。要建立和完善教学质量管理信息化体系,实行全方位、全过程的教学质量管理。要充分利用各种信息渠道,制定教学质量评价标准,做好教学评价工作,建立健全教学质量监控与保障体系。

(四)在运行机制上必须转变教育管理职能

教育管理信息化不仅涉及观念的更新、资金的投入、技术的变革和管理队伍水平的提高,还涉及教育管理组织结构、管理体制、运行机制的变革问题,需要把教务处从繁杂的日常事务性工作中解放出来,建立一套与信息化相适应的教育管理体制。在传统的教育管理体制下,以教务处为主的教育管理职能部门作为教育管理的指挥中心和管理中心,将陷入繁杂的日常事务性工作中,出现"全校教务是一家,天天加班很正常",无暇顾及教学信息的建设,没有畅通的信息渠道,缺乏信息反馈机制。而教学基层单位缺乏教育管理的自主权和信息处理能力,始终处于被动地位,严重影响了教育管理信息化的实施与建设,以致教育管理效率低下。

要尽快实现日常办公自动化、教育管理科学化。通过教育管理体制改革,建立起以院系管理为主的教育管理体制,下放管理权,扩大院系办学和管理的自主权,利用网络召开电子会议、传递机关文件,尽可能减少集中开会、公文旅行,提高对一线教学、科研信息的收集、处理能力,把领导和机关的精力集中到研究解决重大问题的决策上,努力实现决策的民主化、科学化,拓宽广大教师、学生参与院校管理的渠道,利用校园网设置领导信息、留言板,通过电子邮件、联机交互交谈等方式,提高民意在管理中的参与度,使决策更加科学民主。应成立教务中心、教学信息中心、学籍管理中心、教学质量评价中心等机构,出台相应的教育管理制度,加强信息反馈功能,提高对日常教学活动的信息监控和反应能力,实现信息管理的分流。通过教育管理体制的改革,可以实现教育管理职能的转变,教育管理职能部门从原来的全方位、全程式的计划管理转变到宏观调控和增强服务上,从而使教育管理部门有更多时间和精力从事教育管理信息化工作。

(五)研制科学的教育管理信息处理系统

在具体的高校教育管理信息系统建设中,不仅需要专业化的信息技术,还需要充足的信息化资源,高校教育管理信息处理系统的建设,归根结底是信息技术和信息资源的有效结合。因此,必须把网络信息技术和资源带入教育管理中,还要加大对智能化信息技术的应用力度,建立现代化技术平台,为实现高校教育管理的智能化提供重要依据,并提供必要的技术支撑。

信息资源的开发与建设是教育管理信息化的核心内容,也是教育管理信息化建设的基础。教育管理的信息资源主要有专业信息、课程信息、学生信息、教师信息、教学条件信息、教学档案信息、教材信息等。这里就要求我们对信息的编码进行规范,依据国家、部委、有关上级主管部门已制定的编码原则及结合本校的实际情况,教务处会同学校行政办公室、人事处、资财管理处、学生处、科研处等有关职能部门进行统一管理。对部分软件开发,应根据学校的教学特点提出教学与管理需求,学校招标引入企业竞争机制,由校方与公司人员共同组织,在统一的数据库平台下开发。这里特别要强调的是要重视系统的安全性,建成后的教务管理数据库是教务信息的枢纽,一旦遭到破坏会影响全校教务管理工作的正常运转。因此,要重点防范来自网络上的对软件和数据库的破坏,防范网络"黑客"和"病毒"的攻击。同时,对重要的数据要经常备份,以防万一。

第三节　实行"人性化"的教育管理

随着现代教育的发展和教育改革的深入,实行人性化的学生管理最终将取代传统的学生管理,这是学生管理改革和发展的必然趋势。人是管理中的首要要素,因而提高人的素质、调动人的积极性、促进人的全面发展是提高管理效果的关键。科学发展观的本质和核心是坚持以人为本,这不仅在人类思想发展史上具有重要的理论价值,更应当成为当今高校的一种新的办学理念。

一、什么是人性化的管理

人性化的管理模式是以人为中心,在确立学生主体地位的基础上,围绕调动学生的主动性、积极性和创造性来开展一切管理活动,这种管理模式是高校学生管理模式发展的必然走向。人性化的学生管理工作理念,就是要以人为出发点,充分尊重学生作为人的价值和尊严,充分尊重学生的人格、个性、利益、需要、知识兴趣、爱好,力促学生全面发展,健康成才,并能可持续发展。这意味着要从那种把对人的投资视为"经济性投资"的立场转变为"全面发展性投资"的立场。人性化的管理在处理人与组织的关系时,并不否定和排斥组织的目标,而是把人的自我发展和自我完善作为组织目标的组成部分。高校学生管理中坚持人性化的管理思想,就是指高校学生管理工作必须以调动学生的积极性、做好学生的工作为根本。具体而言,就是要在高校学生管理过程中坚持把教育和管理的对象——所有学生作为全心全意为其服务的主体。树立"人性化"的高校学生管理理念,营造良好的服务氛围,对学生能起到潜移默化的作用。高校从教学到行政管理,从学生学习到后勤服务,都要不断深化教育改革,转变教育观念,转变过去那种以学校为主体、以教育者为核心的工作思路和工作方式,变管理为服务,树立一切工作都是为了学生的健康成长的管理理念。人性化的高校学生管理就是以学生的发展为高校工作的出发点和落脚点,一切为了学生,使大学生做到德、智、体、美、劳全面发展。具体而言,就是要理解学生、尊重学生、服务学生、信任学生。

二、实现人性化的管理模式的必然性

高校是培养和输送人才的重要阵地,始终担负着为社会培养高素质的建设者和接班人的神圣使命。在现行的高校学生管理中,管理目标的抽象化和格式化也是高校学生管理的一大通病。高校学生管理工作与学校的其他工作目标是一致的,都是为社会培养人才。

人性化管理是靠以情服人来提高管理效率的,人性化管理风格的实质就在于充分尊重被管理者的自由和创造才能,从而使被管理者愿意以满足的心态或以最佳的精神状态全身心地投入学习和工作中,进而直接提高管理效率。人性的管理是情、理、法并重的管理,而不是放任管理,也就是我们提倡的教育人性化。对高校学生实行以人为本的管理模式抓住了学生管理中最核心的因素,因为学生管理就是人的管理。人的需求、人的属性、人的心理、人的情绪、人的信念、人的素质、人的价值等一系列与人有关的问题均成为管理者悉心关注的重要问题。这是高校学生管理的出发点和落脚点。

高校的基本职能之一就是为社会发展教育和培养人才,大学生已经具有了成为国家栋梁的基本潜质和条件,在教育和培养的过程中,要充分调动大学生的主动性、积极性和创造性,为他们提供能激发创造性和自主创新性的氛围。而要实现这一目标,高校学生管理就必须是人性化管理,实施人性化的管理模式。首先,要转变教育管理观念,树立科学的人才观。切不可用一种人才模式去苛求学生,限制学生个性的发展。学生管理工作者要有着眼于未来的宽广眼光和不拘一格育人的胆略。其次,要着重提高教师的综合素质,强化管理者的人格魅力。

在新形势下,主观上学生群体已经不太能接受传统的高校学生管理模式,客观上高校管理所面临的形势也不能使这样一种模式维持下去。招生规模的扩大、贫困生数量的增加、个性培养和创新教育日益被高校所重视等，这些因素都要求高校学生管理必须抓住"学生"这一根本，转变管理理念，提高教师的综合素质，强化管理者的人格魅力。进行人性化的管理，其实是对教师尤其是学生管理者提出了更高的要求。以人为本，促进高校学生管理和谐发展是时代的要求，是适应大学生全面发展和个性发展的必然目的。构建和谐社会、和谐校园，发展新时期学生的特点等使人性化的管理模式成为必然的选择。

三、构建人性化的学生管理模式

(一)加深对学生的本质认识

高校学生管理，无论是计划和任务的确定，还是内容和形式的选择，都源于对学生的认识和把握，对学生发展中各种矛盾的深刻洞察。实际上，任何个体都有其自身具体、独特、不可替代的需求。不同个体的需求在整个群体中又都不是孤立存在的，它们之间是相互联系和作用的。就高校学生管理而言，学生对自身所处管理环境的感受，对自己在学校中的地位，对学习、恋爱、人际关系、就业等个人发展需要得以满足的程度，都是影响管理效果的重要因素。

离开了对这些因素的认识、洞察和把握，高校学生管理就成了无源之水、无本之木。因此，我们只有全面考虑学生的个体情况，重视个人需要在管理中的地位和作用，并把它们看作运动的、变化的，高校学生管理才能有的放矢，做到提高管理效率，取得了预期的效果。

(二)营造人性化的校园文化环境

环境是人们赖以生存和发展的自然条件和社会条件的总和。校园文化环境是指与校园文化的形成和发展密切相关的外部条件。校园文化环境包括校园的物质环境和校园的精神环境两个部分。校园的物质环境是以布局成形的姿态出现的物质环境，主要是指校容，如建筑物的布局，室外的绿化、美化，室内的整洁、美观等。校园的精神环境主要是指学校的传统习俗，如校风、人际关系、心理氛围、文化品位及活动构成的气氛等。人的发展和才能的养成，是遗传、教育、环境共同作用的结果。人不仅受其所处的环境的影响，也在不断地改变环境,这个环境又进一步地影响了他人和自己。就学校而言,这种对人的发展和才能的养成产生影响的环境,就是校园文化环境。校园文化环境对学校的教育工作及师生员工的生活有着不可低估的作用。开展丰富多样、多元化的学生集体活动,不仅能够培养学生崇高的理想和高尚的道德情操,而且能够使学生的兴趣爱好和特长得到良好的培养和充分的发挥。在一个健全的集体中,学生的不良习惯及意识也比较容易克服,因为集体的影响、优良作风对学生思想品德的形成和发展能起到巨大的促进作用。要充分调动学生的积极性、创造性,设法激发学生的思维兴奋点,组织开展丰富多彩的集体活动,在集体活动中教育、培养每个成员的集体主义精神。通过各项活动,积极发挥和发展学生的才干及特长,使活动和教育融为一体。

(三)构建以学生为中心的管理模式,实现学生自我管理

贯彻"人性化"的教育理念,构建人性化的学生管理模式,其中最基本的有两条:一是确保学生在教育中的主体地位,充分尊重学生的人格与自主权利;二是要对所有学生负责,为学生的全面发展提供应有的服务。

作为教育工作的重要方面,在管理工作中确保学生的主体地位,尊重和维护学生自主学习的权利,就要保证教育主体的主观能动性得到充分的发挥,使他们的个性得到充分的张扬,使学生的潜力和发展的潜质得到充分的挖掘。积极实践学生的"自我管理、自我教育、自我约束、自我服务、自我发展"等,不断培养和提高学生独立思考问题、分析问题、解决问题的能力,这不仅是改进学生工作,为学生的自主发展提供更大空间的需要,也是我们这些年来在学生管理工作中的成功经验。实际上,学生的"自我管理"就是一种民主的、开放的、人性化的管理,它更加有利于实现学生成才的目标。

四、管理过程中出现的偏差

虽然教育理念是正确的,但是在实施的过程中同样会出现问题。在教育学生的过程中,教师有时会忽略学生的位置,教学过程中缺乏互动性,因此需要调动学生的主动性,使其主动学习。

要注重启发引导,避免单一的知识灌输。教师有时候是采用"灌输式"的教育方式,将知识单纯地传授给学生,没有给学生思考的时间,没有培养学生的自

我思维意识,学生只是被动地接受,根本没有转化成为自己的知识,学到的也只是书本表面的知识。有句俗话说得好,等大学生毕业后忘记书本的知识剩下的就是他在学校所学到的。然而学生毕业后剩下的知识还有多少,他们学到的知识如果没有被内化而转为自己的思维构成中的一部分,那么这一部分知识就是没有学到的。学生的主观能动性被忽略,失去了理解、互动、判断的内化过程。这样一来,大学生就失去了独立思维判断的能力,等他们步入社会以后可能会茫然不知所措,不知道自己以后的道路该怎么走,不知道怎样去适应这个社会。在教师教育的课堂上学生除了认真地学习课堂知识外,课外还需要加强自身学习。如果只是掌握课堂上的知识,但是没有课堂外动手能力的培养,这样的大学生也是不合格的大学生。优秀合格的大学生不光要看成绩单,还需要各方面综合素质的培养,必须进行科学知识和动手能力的双重培养。学生在校期间除了学习课本知识外,还要提高交往能力和动手能力,才能更好地适应未来社会对他们的要求。

五、学生在管理中的问题

高校学生通常叛逆心理较强,不希望被控制,渴望自由的生活。不喜欢规章制度,喜欢自由自在,不喜欢被约束的生活。针对高校学生的特点,我们可以调动学生的主观能动性,使学生转换观点,不要让学生觉得自己被约束了,而是让他们觉得自己是自由的。从"要我学"变成"我要学",可以多让学生参加课外活动,多参加社团、学生会,使学生通过管理学会自我调节和自我管理。同时,我们需要有更多的激励方式来调动学生的积极性,从而更好地实现自我管理。对于在自我管理方面表现出色的学生,学校应该予以必要的精神鼓励和物质鼓励,这样学生才能树立信心,进一步更好地推进管理模式,形成良好的管理习惯。

六、加强人性化的管理

做好学生管理工作,需要大家不断努力,通过多和学生沟通,了解学生,从而更好地做好学生管理工作,立足于学生所需、学生所想,实实在在地为学生做好服务。在管理方面,教师应该更多地阅读教育学方面的书籍,更好地了解现阶段学生的心理状态,知道怎样处理出现的问题,同时做学生管理工作的教师需具备满腔的工作热情和无私奉献的精神,时时刻刻关心学生,了解学生的需要。除此之外,教师也需要合理的晋升培训机制来依托,以便更好地鼓励管理工作做得好的老师,只有这样教师才能更有动力地做好管理工作。

高校管理工作是一项责任重大的工作,要围绕学生的基础需要,立足于学生的发展,更多的是做一个好的引导者,让学生朝着更好的方向发展。

七、提高学生管理工作者的素质

人性化的管理理念体现出管理的自主性、民主性、灵活性和发展性等特征,这对学生管理工作者提出了更高要求。"教书育人"就是通过"教书"的手段和过程达到"育人"的目的。高校各门课程都具有育人功能,所有教师都有育人职责。学校道德教育的成效在很大程度上是由教师的道德素养所决定的。教师及各类管理人员要从不同的方面对学生的行为产生影响和作用,确立全员育人和全程育人的观念。学生工作者要深刻认识并准确把握经济社会形势和发展趋势,面对这些变化所带来的影响,能够因势利导地做好学生的教育引导工作。

建设一支高素质的学生工作队伍,一方面,高职院校要按照要求认真做好建设规划,做到与师资队伍和其他管理人员队伍的建设统一规划、统一实施;要明确条件、坚持标准,切实做好人员选配工作;要周密计划、合理安排,扎实推进人员培训工作;要提出目标、严格要求,不断增强学生工作者的责任感;领导和有关部门要对学生工作者思想上重视、工作上支持、生活上关心、政治上爱护,使学生工作者都能够随着形势的发展和工作的进行不断提高素质和水平,以满足事业发展的需要。另一方面,要求学生工作者加强自身修养,明确神圣职责,增强责任观念,树立服务意识,努力学习,积极实践,深入思考,大胆创新,不断探索新形势下学生工作的新路子、新方法,不断总结适应新形势、新情况下的学生工作的新经验、新成果,在全面服务学生成长成才的过程中发展自己,实现自身的价值。以人为本的学生管理要追求以新奇制胜,以巧妙攻心,关注学生的日常生活和学习生活中行为表现的细枝末节,把为学生服务放在重要位置,创造性地进行管理。只有坚持"以人为本,和谐发展"的管理理念,适应新时期科学发展观的要求,倡导积极向上的学习观、人生观、价值观,实现学生管理模式的改革与创新,才能真正促进学生的全面发展、和谐发展和持续发展。

第四节　建设"有文化"的信息化校园

数字化校园是以计算机技术、网络技术、通信技术等先进技术为手段，以现代教育和管理理论为指导思想，在硬件设备上构建出的虚拟化校园环境。目前，我国许多高等院校构建的数字化校园教学，将教、学、研、管、办等全面数字化，并对这些信息资源进行了有效的整合和利用，从而对传统校园管理进行了功能上的补充，最终突破了时间和空间上的局限，实现教育活动的全面信息化。

一、数字化校园建设概述

（一）数字化校园的概念

1. 数字化校园研究背景

21世纪是信息化时代。以计算机多媒体和网络技术为代表的信息技术的发展和普及，给人们的生产、工作和生活带来非常大的影响，信息化的浪潮正冲击着人类社会的各方面。信息化已成为现代化建设最鲜明的特点。

信息技术的发展，不仅改变着人们的工作和生活方式，也正在改变着教育和学习的方式。数字化校园是新世纪新型的大学模式，是校园信息化建设的高级阶段，它的突出特点是实现现代教育理论、教育思想与多媒体技术、信息技术、网络技术和人工智能的有机结合，实现教育教学观念和人才培养模式的转变，促进教学内容、教学方法和学习方式的改革。

目前，数字化校园建设是高等院校的一项重要工作，它不仅能促进高校的建设和人才的培养，而且对提升学校的教学、科研、管理和服务水平都具有非常重要的意义。高校数字化校园建设在计算机和通信技术的发展条件下有了很大进展。尤其是最近十几年，在国家"211工程""985工程"和相关计划的推动下，网络软硬件基础设施、应用系统建设方面，许多高校有了非常大的发展，如清华大学，在良好的网络应用环境下，网络用户规模逐步扩大，包括教师、学生和其他职工等校内外各类人群，基本实现了网上教学、科研和管理等服务。

我国高等教育发展迅速，使高等院校对信息技术的需求不断增加，于是信息化应用水平的高低就成为高等院校办学水平、学校形象的直接体现，这就使数字化校园建设成为高等院校信息化建设的重点工程。

2.数字化校园的含义

早在 1990 年,美国克莱蒙特大学著名教授凯尼斯·格林发起并且主持了一项大型的科研项目——"信息化校园计划",在这个项目中就最早提出了数字化校园的概念。

数字化校园发展迅速,但其在国内外没有一个确切的定义。一般来说,数字化校园是在数字化信息和网络的基础上,通过网络技术和计算机建立起来的对科研、教学、管理、生活服务和技术等信息的收集、处理、存储、整合、传输和应用,使数字资源能够得到优化并利用的一种虚拟教育环境。在传统校园基础上实现从环境、资源到应用的全部数字化,从而拓展校园的空间维度和时间纬度,拓展传统校园的业务功能,提高传统校园的运行效率,最终实现教育过程的全面信息化。

一般来说,人们对数字化校园的理解分为:狭义的数字化校园和广义的数字化校园。这里重点谈一谈狭义的数字化校园。狭义的数字化校园指一卡通系统等多个校内应用服务系统,如教务管理系统、财务管理系统、协同办公系统等。狭义的数字化校园主要以环境、资源和活动的数字化过程为重点,忽略了统一的管理规划,对应用的整合与集成较少,所以,狭义的数字化校园是数字化校园的低级阶段。广义的数字化校园,通过计算机、网络和通信技术把学校的教学、科研、管理和服务等所有信息资源全面的数字化;同时对这些信息资源进行科学有序地整合和集成,构成统一用户、统一资源管理和统一权限控制,最后把学校建设成面向校园和社会的一个虚拟校园。

在我国,高校信息化专家把大学的信息划分为校园网的系统集成,应用系统集成,向全校师生提供内容和流程进行整合后的个性化信息集成,把传统校园同教育管理机构、科研合作单位、银行、通信运营商、用人单位、社区等联系起来的社会集成四个阶段。

(二)数字化校园建设的目标和原则

1.数字化校园建设的目标

数字化校园建设的目标是:利用信息化工具和方法,将校园的各项资源、管理及服务流程数字化,实现环境的网络化、资源的数字化、应用的智能化和表现的多媒体化;建成一个服务于教学、科研、管理的数字化支撑平台,提高教学、科研、管理效率;建成一个符合高等学校教学特点,特别是符合职业教育和教学规律的网络学习和资源平台,借助网络教学平台和计算机辅助教学,改革传统的教学模式,促进教学质量的提高。以满足师生对科研、教学、管理和服务等的个性化需求,实现跨部门的业务流程整合和优化,并给领导提供指挥和决策信息服务。

具体建设过程将根据建设目标分步实现。数字化校园一期建设的目标是:完善数字化校园的基础架构,解决数据共享"瓶颈";进一步开发完善教务信息管理系统、开发学生信息管理系统、教职工信息管理系统、成教信息管理系统,推动数字化校园的应用和服务。主要建设内容:完成信息化数据标准以及各业务系统的共享数据集的建设;完成以统一信息门户、统一身份认证、统一数据中心为核心的可持续发展的基础平台建设;完成以学生信息管理系统、教职工信息管理系统、开发完善教务管理系统和成教信息管理系统等应用系统建设;完成现有部分应用系统的集成;建立数字校园运行维护管理制度与规范。

2. 数字化校园建设原则

建设数字化校园平台须坚持"整体规划、分步实施、结合校情、抓住重点"的指导思想。

(1)可靠性

高校数字校园综合管理平台必须使用成熟的集群技术和热备份技术,因为它维持着整个学校的日常管理,所以必须具有高容错性、高可靠性以及强大的数据处理能力,以此来确保整体不间断运行,不受局部出错的影响。

(2)标准化

高校数字化校园综合管理平台符合业界主流标准与规范,包括基础架构与各个应用系统,以及系统集成与数据整合,均遵循标准化原则,不依赖特定的网络、系统软件与硬件,能够部署并运行在各种主流的软硬件环境中。

(3)先进性

建设高校数字化校园综合管理平台需要以成熟的技术、先进的思想与成熟的设计方法为前提,符合当前潮流与未来发展趋势,以便跟上信息技术的发展,具有较强的生命力及长期使用价值。

(4)实用性

高校数字化校园综合管理平台建设要以学校的实际需求为核心,坚持实用的设计原则。在能够满足学校数字化校园综合管理平台建设要求的前提下,以尽可能少的投入获取尽可能大的效益。

（5）开放性

高校数字化校园综合管理平台要有良好的开放性和兼容性。为使以服务为目的的公共管理平台得以实现,需要统一身份认证、信息门户和公共数据的交换,整合各种应用系统以及各种信息资源。

（6）稳定性

高校数字化校园综合管理平台一定要有良好的稳定性,以保证持续运行时间长、故障间隔大、无故障时间长。

（7）可扩展性

高校数字化校园综合管理平台必须具有良好的可扩展性,对管理模式的变化、组织机构职能的调整、业务流程的改变等,能够通过规则引擎简便配置,即可快速适应变化、满足需求。

（8）易升级性

高校数字化校园综合管理平台采用独创的版本控制机制与更新包技术,能够简便快捷地完成平台整体或部分的版本升级。

（9）安全性

高校数字化校园综合管理平台的安全运行非常重要。除了保证物理安全和网络安全以外,还需要构建多层次、全方位、完善的安全保障体系,以保证学校各个职能部门敏感数据的安全。根据基础架构及各个应用系统的设计要求,采取不同的安全策略与措施,以保证系统安全。

（10）保密性

高校数字校园综合管理平台通过身份认证、角色定义与权限分配,确保每个用户能且只能访问相应的信息资源与应用服务。

（11）可管理性

高校数字校园综合管理平台具有较高的可管理性,使平台管理员和运行维护人员的管理简便快捷,降低运行维护费用。

（三）学校信息化建设现状与需求分析

1. 学校信息化建设现状

某职业科技学院校园网以百兆专线方式接入 CERNET（中国教育和科研计算机网）星型拓扑结构,以网络中心机房为中心节点向外辐射,通过各部门所在的建筑楼节点构成主干网,核心交换机采用具有三层交换功能的 H3CS9508

交换机,并配有网络监控模块,以实现网络动态管理和虚拟局域网。各楼宇二级交换机采用 Cisco 3550 交换机,具有端口与 VLAN 及 IP 地址的绑定功能,以1 000Mbps 单模和多模光纤与网络中心机房相连,以实现主干通道信息传输的负载均衡,并保证各楼宇信息点对交换机端口密度的要求和网络性能与可靠性的要求。现在校区已初步建成了"千兆主干,百兆桌面"的高速校园网络,解决了全院所有部门和软件园以及教师家属区的上网问题。

网络中心机房设有 10 台 HP 专业服务器、20 多台浪潮高性能服务器、1 台曙光小型机、2 台高速磁盘阵列。分别为 Web 服务器、FTP 服务器、数据库服务器、电子图书服务器、邮件服务器、动漫渲染服务器、上网管理服务器、考勤服务器、教务管理服务器、电子商务服务器、校产服务器、VOD 服务器等。基本构建起一个以多层交换网络为框架,以网络基本应用、计算机多媒体辅助教学、电子化图书馆、教育管理办公自动化为平台的校园网络。

通过多年的不断努力和大力投资建设,目前,该校信息化建设已建成相对完善的基础网络服务和校园网络,这为数字化校园建设提供了有利的软件环境和硬件基础。像网络教学平台、教务管理系统、数字化图书馆和人事管理系统等部门级应用系统陆续建成,同时积淀了许多数字资源。但是已有的应用系统都是针对各单位、各部门的相应工作进行设计的,没有统一的规划和一体化考虑,于是,这些应用系统还存在下列问题。

(1)多重身份认证体系,使用不方便

由于现在的应用系统是管理和维护自己的用户信息,导致师生在访问时,对不同的系统必须输入不同的网址,且需要记忆每个登录名和密码,这在使用时给用户带来了很大不便。

(2)信息标准不统一,数据重复录入,数据统计失真

由于没有统一的信息标准,很多系统需要的数据不能从其他已有数据系统中获取到,导致数据重复录入,再加上各部门的统计数据不完全准确和一致,导致没法通过现有的系统获得准确的数据,给领导辅助决策分析造成障碍,不利于教学和管理等工作。

(3)数据无法有效共享和交换,各部门协作效率低

由于缺乏整体的系统规划,从而造成现有的应用系统彼此分割、相互封闭,每个应用系统有各自的数据库,系统内部通道短缺,系统数据信息间无法交换和共享,使资源浪费,特别是在数据跨部门使用时,还要通过电子邮件或人工传

递等方式,各部门协调工作效率低下。

2.数字化校园建设需求分析

针对校园建设现状,数字化校园项目的建设需求如下:①建立一个开放、统一的集成化信息门户,它可以提供信息共享、信息发布和多种应用服务。②建立一个完善的业务管理信息系统和先进的校园网硬件平台,足以满足学校科研、教学、办公、后勤服务等应用。③建立统一的身份认证平台,可以单点登录,实现全校师生身份信息统一,形成全校统一的用户管理、权限管理和认证管理,提高系统的安全性和可管理性。④建立一个基础共享数据库,它可以使数字化校园的应用业务与其他相关联的业务数据信息融为一体,并以“谁产生、谁维护、谁负责”的原则建立起校园数据中心。⑤为构建一个信息标准规范体系来规范学校的长期建设,还需要建立一个信息化建设规划方案。⑥建设满足数字化校园安全、可靠运行的规章制度、安全标准和人才队伍。

(四)数字化校园信息标准与管理规范

1.信息标准建设

(1)信息标准化建设的意义

实现应用系统集成的基础是信息标准化以及数字化校园建设的一个重点。数据表示需要遵照一定的标准编码,以方便学校内数据和各部门之间的数据传输和转换。当前高校信息系统编码具有国家标准、省级标准、行业标准和校内标准等,但通常是按照教育部高等学校管理信息标准制定的。这些标准为数字化校园实施过程提供了依据,信息分类编码规格说明书要兼顾各标准的一致性和标准之间的兼容性制定给出,这样可方便各部门信息系统集成工作。

(2)校园用户身份信息的统一

以下身份信息的问题在数字校园建设过程中要解决:①在系统中人员信息不完整。如性别、身份证号等。②部分账号在应用系统间关联不是唯一的。如没有学号或身份证号,又同名同姓的情况。③不同的应用系统使用不同的人员编号。④各系统账号信息不能及时更新。如毕业后的某学生,仍然能在学校图书馆借书。⑤各应用系统用不同的信息字典。如某学生的“系部”信息为“电气系”或“电子系”。这些差异会对统一身份平台有直接影响。

因此,学校需要建立学号和教职工号,作为学生和教职工唯一的身份编码。按照各应用系统的具体情况,将系统内的人员编号都改为统一身份编码。这样,身份库中的人员就只有唯一的编码。

(3)信息编码规则及实现

信息编码是将事物或概念赋予一定的规律性,易于人和计算机识别处理的有序的符号,其目的是设定编码对象的唯一标识来提高信息处理的效率,方便信息的交流,实现信息资源的共享和利用。

建立一套全校执行的信息编码规范并保证数据的一致性,为数字化校园中数据平台共享和各个应用系统信息的交互提供了方便。像校区代码、部门代码、教职工基本信息、专业代码、班级代码、学生基本信息等学校内部自定义的编码;以及像国家地区代码、民族代码、性别代码、籍贯出生地代码、政治面貌、学位代码、学科分类代码、专业技术职务代码等通用的标准代码,都是需要遵循这些标准的基础数据。

信息编码标准在实施时,第一,通过文档、表格等形式对学校所有涉及信息编码的部门进行信息编码调研,并分类处理收集到的信息;第二,信息编码处理的方法和信息编码的规范确定后,需提交学校信息化部门审批并在学校推广。

制订信息编码规则需要注意以下原则:①唯一性。在同一个分类编码标准中,一个编码对象赋予它一个代码,一个代码代表唯一编码对象。②可扩性。为适应不断扩充的需要,代码结构一定要能适应同类编码对象逐渐增加的需要,以及为新的编码对象留有充足的备用码。③简单性。为减少代码的差错率和节省机器存储空间以及提高机器处理的效率,代码结构应尽量简单。④规范性。在同一信息编码标准中,代码的类型、结构以及编写格式需统一。⑤适用性。为便于记忆与填写,代码要尽量反映分类对象的特点。⑥合理性。代码结构要同分类体系相适应。

信息分类应注意以下几个基本原则:①科学性。分类的基础和依据应选择分类对象最稳定的属性和特征。②系统性。把选定的事物按事物的内在联系合理分类。③可扩延性。为保证增加新的事物和概念时,不打乱已有的分类体系,需要设置收容类目,同时为在本分类体系上进行扩展细化创造了条件。④兼容性。已有的国际、国家和部门的相关信息要与分类标准相一致。⑤综合实用性。为使系统达到最优,分类要从系统工程角度出发,处理局部问题时要放到系统整体中去,在此前提下,尽可能满足各局部的实际需要。

除建设以上信息代码标准之外,还要建设好数据交换标准,主要用于定义学校交换数的格式和交换规范,以利于不同系统之间的数据交换。要建设好标准管理工具,对学校的数据标准进行管理,实现对标准的维护和完善。还要做好文档管理的标准化工作,要依照中国国家电子政务有关电子公文的标准,形成公文文档数据格式规范,方便电子公文管理和交换,实现公文的统一存储和处理。

2. 数字化校园管理规范体系

数字化校园系统是由计算机硬件设施、网络传输环境、应用系统、数据库、应用系统管理人员、数据库管理人员、学校其他部门人员及各类数据信息等组成的一个复杂而有机的整体。根据学校相关管理规定和建设数字化校园的要求,制定数字化校园系统的管理规范体系很有必要,这样才能更好地支持学校的教学、科研和管理。

(1)组织结构

校园数字化建设是一项长期且繁重的工程,更因涉及校园部门调整和人员优化等敏感问题,需要"一把手"牵头成立一个责权明确的工作班子,成立数字化校园建设领导小组。领导小组可下设数字化办公室和技术工作组。

数字化校园系统的关键技术架构和重要技术问题由技术工作组研究,报数字化校园建设领导小组决定。日常运行由数字化办公室直接负责,数字化校园建设领导小组对办公室进行监督和管理。

(2)岗位设置、职责及任职要求

所有岗位任职人员应具备良好的业务工作能力、良好的职业道德和服务意识,工作认真负责,富有团队合作精神。任岗人员离职时,必须办理离职手续,签订保密协议,归还所有技术资料。

系统维护员的职责与要求:①职责。负责硬件、网络、操作系统和备份软件的维护工作。定期不定期地检查硬件和软件的运行状况;安装、调试和调优系统运行环境。②任职要求。在日常维护的基础上,熟悉所管理的硬件设施和软件系统,能够根据实际运行效果优化系统结构,熟练掌握 JES、WebLogic、Tomcat、WebSphere 等系统的操作和维护。

数据库管理员的职责与要求:①职责。负责数据库和数据的维护工作。包括基本数据的维护,数据库系统故障查找和解决,数据库性能优化,数据的日常备份、灾难恢复等。②任职要求。有 Oracle 配置、管理维护经验;掌握 SQL 语言,能熟练运用 Power Designer、PL/SQL、ToadforOracle、数据库客户端和管理控制台等工具维护数据。

业务系统管理员的职责与要求：①职责。监控并维护本业务系统的正常运转；负责业务系统相关用户的授权和相关参数设置；为使用本系统业务的师生提供技术支持。②任职要求。精通计算机的各项基本操作，熟悉本业务系统各项功能。

（3）系统维护管理

第一，系统维护员、业务系统管理员、数据库管理员对系统维护必须做好维护记录，包括维护时间、内容和效果等。

第二，大数据量导入、导出的操作要错开系统使用高峰期。基本信息需按照学校信息规范来进行修改。

第三，数据维护按"谁管理、谁负责"的原则进行，未经允许不得私自修改数据，若违反规则，一经核实，学校将严肃处理。

第四，未经业务系统部门负责人许可，不得私自赋予其他用户超权限功能。业务数据和信息的内容要注意保密，不得外泄。

二、数字化校园应用系统建设方法

（一）数字化校园应用系统建设概述

建设先进实用的应用支撑系统（包括办公自动化、教务管理、科技管理、学生综合管理、人力资源管理、资产设备管理、财务管理、图书管理、后勤服务管理、一卡通管理、网络教学平台、教学评估管理、成教生管理与留学生管理等），实现高校各项管理工作的信息化，是数字化校园建设的重要内容。各个部门需要围绕学校教学、科研、管理和服务等业务内容再进行统一规划，开发一系列业务应用系统。在这个过程中首先要进行需求分析，然后依照信息建设标准与规范，在数字化校园平台总体框架下进行软件开发，最后进行数据整合和系统集成。

（二）协同办公系统建设

1. 建设目标

第一，采用先进的 Web 模式进行管理。解决大规模数据采集问题和复杂烦琐的审批问题。

第二，灵活高效的工作流程。文档的行文流程，各步骤走向，各种授权，以及文档流程受阻时的处理方式都要求非常灵活,可由用户根据自己的意愿进行处理。

第三,基于公共数据库构建系统。办公自动化管理系统通过公共数据平台,同其他部门进行了最大限度的信息共享。

第四,检索、查询方便。能够为资料建立起索引和分类存储的功能,用户可以按照各种分类原则以多种方式进行查询,以实现信息资源的快速检索和查询。

第五,广泛的接口形式。同各个业务系统相结合,广泛利用现有的各种基本信息。

2.建设内容与功能需求

(1)信息发布

①文档草稿。起草文档内容并设置查看权限,包括新闻信息、通知公告的起草、部门审核、发布、查询等功能。

②信息管理。建立栏目、维护已发布的信息、设置呈现栏目顺序。

③信息模板维护。维护和查看信息模板。

④信息审批。显示所有需要审批处理的信息,填写审批意见。

⑤退稿列表。所有审批未通过的信息都自动流转到该列表下。

⑥信息发布流程管理。定制本部门的信息发布流程。

⑦流程查看。查看全校共用的信息发布流程。

⑧个人处理信息查询。查询所有个人处理过的信息。

⑨部门处理信息查询。查询本部门处理过的信息。

⑩全校信息查询。查询全校的信息。

⑪新闻信息。包括新闻信息的起草、部门审核、党政办审定、发布、转发、统计、上报、查询。可随时发布各类新闻信息,提供文字编辑器,支持贴图和上传附件,实现内部刊物电子化。

⑫通知公告。包括通知公告的起草、部门审核,党政办审定、发布、转发、查询。

⑬通讯录。包括学校各部门、各学院电话号码的查询,以及兄弟院校常用电话的查询等。

⑭校历管理。包括校历的编制、查询以及寒暑假、国定假日的通知等。

⑮统计公告。

⑯电子论坛。

(2)公文处理

①发文管理。用户可以在该模块实现起草发文、处理公文、查看公文状态等功能,包括发文拟稿、部门审核、部门会签、党政办核稿、校领导会签、签发、编号、登记、主题词、校对、复核、打印、分发、归档、签收等环节。可以根据文档格式自动编号,同时产生公文登记簿;文件经领导签发,系统自动按文档生成规范的红头文件;流转过程中随时打印发文稿,并自动将领导签批意见引入稿纸;系统支持审批过程中保留审批痕迹。

②收文管理。包括收文登记、拟办、领导审批、传阅、承办、转办、收文查询等环节。提供原文扫描识别录入及 WORD 文档导入;可随时查询收文的处理情况;在办理过程中可进行催办、转办、撤回等操作;系统自动记录公文流转中各办理人的办理日期、办理时间和办理意见。

③校外来文管理。管理纸质或电子的校外来文,在系统内作登记。包括收文登记、拟办、领导审批、传阅、承办、转办和收文查询等环节。系统自动记录公文流转中各办理人的办理日期、办理时间、办理意见。流转过程中随时打印收文稿纸。

④校内来文。此模块实现部门间公文的衔接。

⑤公文配置信息。配置本部门的公文文号和流水号的编号规则,配置后可以对公文的文号和流水号进行自动编号。

⑥公文模板维护。维护和查看公文模板。

⑦公文流程管理。查看全校共用的和本部门的公文处理流程。

⑧流程查看。查看全校共用的和本部门的公文处理流程。

⑨公文查询。按照不同的分类提供对公文的查询功能。

⑩文件柜管理。包括对文件存放、访问的组织与控制,用户可根据自身需要规划文件管理体系,并能与学校现有档案管理系统有机结合,自动引入文件进行自动归档。可产生多个文件库,层次化文件管理,多重权限访问,多种管理工具。

(3)日常办公

①消息中心。包括在线短信、手机短信和各类提醒。

②人员去向。包括本部门人员去向状态、其他部门人员去向查询。

③个人日程安排。安排个人日程(日、周、月),并可将日程授权(可查看/可

修改)。

④名片管理。在系统中创建通讯录,可以管理组织及个人。

⑤会议室管理。用户可通过此模块实现对会议室的申请、审批、查看会议通知等功能,包括会议登记、会议室申请、会议通知、会议纪要、会议提醒等。可发起会议室使用审批流程;查看会议室资源占用情况;发出会议通知提醒,并可以与个人日程相关联。

⑥工作便笺。在系统内发送消息,收到新便笺会有小信封提示。

⑦共享文件管理。用户可以通过此模块实现对共享文件的管理和维护。包括学校、部门、学院的各类规章制度、大事记常用文档下载,并按权限进行使用和共享。

⑧请示报告管理。包括请示报告的起草、党政办登记、拟办、有关部门签署意见、领导审批、承办、转办、处理结果反馈等环节。提供过程监控、跟踪、催办、查询等功能。

⑨接待管理。包括接待日程安排、参加人员的登记与查询、接待工作提醒、接待工作信息的报送等。

⑩值班管理。包括学校总值班、节假日部门值班、值班表报送、值班记录、调班审批、值班安排公告、值班人员当天值班提醒、动态汇总值班记录等。

⑪信访管理。包括来信来访的登记、查询,信访处理单的流转、审批、处理结果反馈等。

⑫考勤管理(中层干部)。包括请假申请、报送,领导审批、销假,在岗人员查询、出勤情况统计等。

⑬介绍信管理。包括介绍信使用审批单的起草、审批和登记。

⑭印章管理。包括印章使用审批单的起草、审批和登记。

(4)归档文件管理

①档案设置。用户可以根据学校实际情况设置档案的编号格式、档案附加信息和档案类别附加信息。

②档案类别列表。用户可以在档案类别列表中建立学校的档案类别,如行政档案、教学档案等。

③档案列表。经过公文处理"归档"环节进行归档的公文会自动流转到档案列表和相应部门的部门档案列表中。档案列表显示全校的档案,部门档案列表显示本部门的档案。同时,学校档案管理员可以新增学校档案。

④档案借阅列表。档案归档后个人可以借阅档案,在学校档案管理员处办理档案借阅。

⑤部门档案列表。显示本部门的档案,经过"归档"处理的公文会自动流转到该列表中。

⑥部门档案借阅列表。在某个部门管理员处办理档案借阅。

⑦个人档案借阅列表。个人借阅的档案同时会在"个人档案借阅列表"中。

（5）印章管理

印章管理包括印章使用审批单的起草、审批、登记。

（6）信访管理

信访管理包括来信来访的登记、查询,信访处理单的流转、审批、处理结果反馈等。

（7）系统设置

系统设置功能是针对校级管理员的,主要是根据学校的实际情况设置一些个性化的配置,包括:栏目管理设置;密码发送邮箱设置;组织机构设置。

（8）用户设置

用户可以根据自己的操作习惯进行个性化配置,包括:栏目管理设置;消息提醒设置;快速填写审批意见设置;桌面显示设置。

（三）学生工作管理系统建设

学生工作管理系统是在数字化校园统一数据库平台的基础上与其他系统实现数据充分共享,为其他系统的接入提供开放的数据接口。它是高校数字化校园建设中的重要组成部分,内容涵盖了除教务以外几乎所有与学生相关的内容。学生工作管理系统可以实现在线的业务处理,为学工部教师、学生,各院系教师、辅导员和班主任等提供统一的网上办公服务平台,实现学工部内部、学工部与其他职能部门之间的有效的信息共享和协同工作,对于提高学生管理工作效率和管理水平、增强决策与办公透明度、培养高素质的学生工作管理队伍都有着十分重要的作用。

学生工作管理系统主要包括学生信息管理、评奖评优、勤工助学、思政队伍管理、其他事务管理等子系统,要求有明确的权限,且都能实现 Excel 数据的导出和导入功能。

1.学生信息管理

（1）功能概述

导入招生系统中已经获取到的和校内已经存有的一些信息,同时将未报到的学生信息转入到学生档案中。

根据不同条件查询学生信息,生成汇总和图表。

学生的学籍、课程成绩从教务处提取,一旦转校、退学或毕业,能统一生成汇总信息档案转入学生档案。

按条件导出、打印所需信息,保留操作日志。

（2）主要模块

包括系统设定、个人信息、信息修改、修改审核、信息查询、信息统计、档案管理等主要模块。

（3）主要涉及信息

①个人信息。查看修改姓名、性别、学号、学院、班级、身份证号码、银行卡号、手机号码、出生年月、入学时间、毕业时间、政治面貌、民族、籍贯、生源地等内容。

②家庭信息。查看修改家庭地址、邮政编码、家庭联系电话、主要社会关系等。

③学习信息。查看学制、学籍异动记录(学生转专业、转学、休学、复学、缓退试读、退学等学籍变动的信息)、历年课程成绩、学年(学期)智育成绩、警示状况(学生的异动信息,由教务处数据中调用)。

④缴费信息。对学生的缴费进行管理,提示未正常缴费、暂缓缴费的学生,统计学费欠缴情况,并对欠缴、缓交学费的学生所承诺缴款的日期做一个提醒。

（4）主要内容

①个人信息。显示登录者的全部相关信息(信息按类别显示)。

②信息查询。对各类查询条件进行设定,输出查询信息。

③信息统计。对设定条件进行统计,生成图表。

④档案管理。获取个人所有相关信息,生成电子档案,向档案室、档案管理系统输送档案数据,并可以输出打印。

信息管理基本流程如图 6-1 所示。

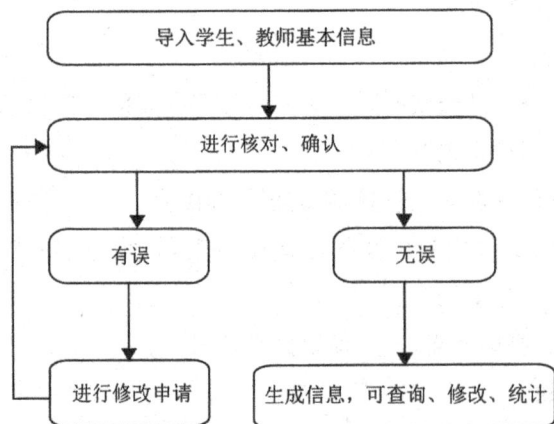

图 6-1　信息管理基本流程

2. 评奖评优

(1)功能概述

①从教务处调用学年综合测评中的可用数据。

②学年综合测评成绩、排名的确定。

③奖学金、荣誉称号的即时审核。

④奖学金、荣誉称号条件设定。

⑤支持用 Excel 导出成绩。

(2)主要模块

条件设定、综合测评、奖学金申请、奖学金发放、荣誉称号申请、申请信息查询、审批、统计分析。

(3)主要内容

①条件设定。对奖学金、荣誉称号名称、奖学金金额、奖学金人数比例、荣誉称号类别(校内/专项)、申请条件和要求进行定义。

②综合测评。录入学年德育成绩,从教务处抽取学年智育成绩,英语四六级通过情况,计算机等级通过情况,不及格课程数,学生参加数学建模等比赛和参加社会活动获奖等的附加分数,计算综合成绩,确定排名标准,生成德育排名、智育排名、综合排名情况(班级/专业)。

③奖学金申请。自动生成获取申报奖项需要的信息、个人综合测评信息、获奖纪录、申请资格情况,确定申请奖项,填写事迹介绍。

④奖学金发放。获取获奖人员信息、获奖名称、发放金额,修改、查询发放

情况。

⑤荣誉称号申请。获取个人申报奖项基本信息、个人综合测评信息、获奖记录,填写事迹介绍。

⑥申请信息查询。获取荣誉称号和奖学金申请情况,查询个人综合测评信息、申请奖项,查询学院审核情况、学生处审批情况和未通过意见。

⑦审批。查看申报奖项人员基本情况、申请奖项、申请材料、学院审核情况、学生处审批情况。

⑧统计分析。设定查询条件,进行报表、图形分析。

⑨登记表和证书打印。生成获奖人员的获奖登记表,按条件进行导出、打印。

3. 勤工助学

(1)功能概述

①发布勤工助学岗位信息。

②申请发布的岗位。

③审核申请信息。

④查询并分析困难生的相关信息。

⑤发放勤工助学工资。

(2)主要模块

主要模块有岗位发布、岗位申请、审核、工资发放、信息查询和统计分析。

(3)主要内容

①岗位发布。发布勤工助学岗位信息,定申请条件,如用人单位、发布时间、工作内容、工作时间、需要学生数等。

②岗位申请。生成岗位申请基本信息,查询岗位发布情况,填写申请信息,如学号、姓名、性别、联系电话、专业班级、是否困难生、可参加勤工俭学时间。

③工资发放。确定工作时间、工作当量和工资,制定工资清单和汇总表。

④审核。生成需审核信息,对未审核信息进行审核,对未通过意见进行说明,学生可以上网查询已审核通过的岗位信息。

⑤信息查询。设定关键字段进行查询,导出、修改、打印所选信息。

⑥统计分析。按条件进行统计、生成图表分析。

4. 思政队伍管理

(1)功能概述

①从人事管理系统端提取或直接录入辅导员基本信息。

②确定辅导员管理权限。

③辅导员考核。

④先进称号申请与审核。

⑤工作日志记录。

(2)主要模块

主要模块有辅导员信息、班主任信息、工作内容设定、队伍考核、评奖评优、审核、信息查询和统计分析。

(3)主要内容

①辅导员信息。查看、修改辅导员的工作、培训信息。

②班主任信息。查看、修改班主任的工作、培训信息。

③工作设定。生成辅导员基本信息,确定辅导员编班和主要工作职责。

④队伍考核。制定辅导员、班主任考核细则,划分考核权重,录入考核评价,生成考核结果。

⑤评奖评优。根据填写项目生成申请人员基本信息,填写申请项目,录入文字事迹材料。

⑥审核。生成需审核信息,对未审核信息进行审核,对未通过意见进行说明。

⑦信息查询。设定关键字段进行查询,导出、修改、打印所选信息。

⑧统计分析。按条件进行统计、生成图表分析。

5. 其他事务管理

(1)主要功能

①出具学生在校证明。

②出国手续审批、办理。

③场馆借用。

(2)主要模块

主要模块有在校证明、出国手续、场馆借用、请假申请和审核。

(3)主要内容

①在校证明。生成所需证明的信息,打印证明。

②出国手续。申请办理出国手续,填写申请材料。

③场馆借用。填报场馆借用审批单,实现电子审批。

④请假申请。填写请假申请表,递交审核。

⑤审核。生成未审核信息并进行审核,反馈未通过意见。

⑥信息查询。设定关键字段进行查询,导出、修改、打印所选信息。

(四)校园一卡通

1.校园一卡通的定义

校园一卡通系统以校园网络为载体进行设计建设,是数字化校园核心应用项目,集身份识别、校务管理、校内消费、金融服务为一体,它不仅是数字化校园系统的基础工程和重要的有机组成部分,也是教育信息化建设的基础支撑点和数字化校园工程建设的切入点。校园一卡通系统完成后,将会形成一个跨平台、跨数据库的可自我发展的数字化校园信息平台。

校园一卡通建设,必须满足数字化校园的整体规划设计,一卡通的设计要架构在校园网络上,不仅具备消费功能,而且要具备身份识别和校务管理功能。正确处理好一卡通与其他已有的应用系统(如数字图书馆系统、办公系统、教务系统等)的对接和系统数据共享,以此来实现"数据集中"和"应用集成"是非常关键的。

校园一卡通系统要解决的是"信息共享"和"集中控制",因此,它的设计不仅是各单个功能系统的简单组合,还要进行总体规划,从统一数据、统一网络基础、统一身份认证和数据传输安全等方面做整体考虑,使各应用子系统达到智能化、高效化。

2.校园一卡通建设

(1)一卡通管理中心

①平台管理:系统参数设置,操作员管理,卡类设置,结算账户,工作站的管理等。

②人事中心:部门、人员资料的导入导出,人员档案管理、人员照片管理等,也包括人像卡的打印。

③卡务中心:用户卡片的发放、主钱包及小钱包充值、挂失解挂等操作,以及对一些管理卡的发放管理,如系统卡、设置卡等。

④结算中心:生成用户所需要的多种财务报表,如资金收支、个人对账、消费统计、月(天)结算报表。

(2)消费管理子系统

消费管理子系统作为一卡通系统的核心组成部分,它给全校师生的就餐、购物等都带来了极大的方便,也可以扩展到校园内全部采用电子缴费的场合,如电子阅览室、游泳场、体育馆等,为数字化校园奠定了良好的基础。

(3)水控管理子系统

随着高校后勤社会化的发展,必须改革传统的大锅饭式的管理模式,同时为了节约用水,建设节约型校园,水控管理系统应运而生,它既方便了师生,又增加了收益。

(4)门禁管理子系统

门禁系统是基于现代电子信息技术智能化管理系统,在出入门口处安装身份识别系统,从而对人(或物)的进出实施控制,并存储记录出入的情况。其中控制机既可以联网工作,也能脱机工作。

(5)Web查询子系统

①个人信息查询。提供各种持卡人个人信息查询,包括基本信息、学籍信息、教务信息、奖惩信息、消费信息等,便于学生或老师了解自己的信息和消费情况。

②银行信息查询。持卡人可查询银行的业务介绍、营业网点和服务指南等有关资讯。

③公共信息查询。提供对学校信息的查询,包括"校园一卡通"系统的章程、管理制度、领卡通知、失卡招领、新闻等。

④商户信息查询。持卡人可查询商户的分布和商品情况;商户可查询自己的营业和结算情况。

⑤管理信息查询。管理人员可掌握"校园一卡通"系统中应用的有关资讯,统计、分析校内广大师生的学习、工作、生活数据,掌握第一手资料。

⑥向导信息。持卡人可查询"校园一卡通"系统应用的使用指南、校园概况、系统简介、产品简介、用户须知、疑难解答、服务指南等有关资讯。

⑦特殊业务。提供用户查询密码的修改和卡挂失服务。

3.一卡通的目标

一卡通的目标是让每个学生或教职员工都拥有一张卡,此卡集身份卡、借书卡、消费卡、上机卡、医疗卡等于一体,代表持卡人的身份,在卡上可自由充值和消费,在校园内做到一卡通用。

"校园卡"系统采用逻辑一体、物理分离的校园卡与银行卡一卡通,其中校园卡在校园内通用,在银行各个网点通用,可进行电子货币结算,做到各个银行互通。持卡人通过圈存等方式实现银行卡与校园卡之间的转账功能,赋予"校园卡"系统金融功能,这也让校园卡走出校园。

　　校园一卡通的建设可以给学校带来巨大的经济和社会效益。直接的经济效益表现在校园一卡通使全校师生实现了电子商务消费,能够有效解决学生拖欠学费、水电超支等问题,而且使资金透明,杜绝了"小金库";间接的经济效益表现在通过校园网络和数据中心等基本设施的建设,彻底实现了信息资源的共享,减少了学校的重复建设,避免了资金浪费。社会效益方面,表现在既能吸引商户,可以增加卡的消费收入,又能更好地实现人性化管理,提高工作效率,统一学校形象,增强师生的自豪感。

第七章

构建教育管理信息化新模式

第一节 教育管理信息化新模式理论分析

一、教育管理信息化新模式的内涵

高校教育管理信息化新模式,就是在现代教育思想指导下,基于资源和服务的教育管理为基本理念,以教学资源和网络环境为依托,运用信息管理理论与信息管理方法,以现代信息技术为核心技术,充分考虑外界变量和信息,组织和配置教学信息资源,构建资源丰富、在线决策与学习、智能评价与导向的交互式的教育管理一体化系统,进行教育信息化管理活动,从而高效率地达到既定的教学目标。从教育管理内容来看,信息化涉及教学计划管理、教学过程的组织与管理、教学质量管理、教学行政管理和学科建设、专业建设、课程建设、教学队伍建设、教育管理制度等方面的工作。从教育管理手段来看,就是基于在线学习理论的信息技术、网络技术、普适计算技术在教育管理活动中的广泛应用。

二、教育管理信息化新模式构建的目标

建设一流的数字化网络基础支撑环境,数字化的教学资源,数字化的教学与学习环境,数字化的管理手段和工作环境,实现数字化学习、数字化教学、数字化科研和数字化管理,构建数字化的区域合作与服务平台,创建数字化的校园生活空间,全面实现教育的信息化和现代化,为创新人才培养提供支撑平台和条件保障。

三、教育管理信息化新模式构建的原则

(一)理念先导、过程规范的原则

理念是支配行动的原则与信条,左右着管理者的行为;它是一种精神力量、价值期望;它不仅具有激励人的功能,也应具有教育人、规范人和指导人的作用。教育管理信息化新模式构建的是一个复杂的信息系统工程,其构建分为四个部分:教育理念重构、网络等硬件系统建设、信息资源及管理平台等软件系统建设、以教学应用为核心的应用系统建设。新模式的构建,首先,是教育理念、教育体制、教学模式的变革;其次,才是信息化教育理论指导下的硬件建设、资源开发、多种应用系统的建设。

教育管理信息化新模式构建,要规范建设中的项目立项、定制建设方案、项目实施、项目验收与反馈等工作程序,使其成为信息工程规划、设计、建设、验收的依据。有些学校由于没有规范建设过程,引出了很多问题,诸如设计结构不合理、性价比低、重复投资、性能不稳定、可维护性差等各种问题。这些都严重影响着教育教学的发展。

(二)整体规划、分步实施的原则

教育管理信息化新模式构建应服从于全社会信息化建设规划,做到下级规划服从上级规划,局部规划与整体规划相一致,分类指导、分层推进、分步实施,避免各自为政。

教育管理信息化新模式的构建,先要进行总体规划。校园网是满足学校教育信息化环境的一项重要的基础设施,应为学校的教学、管理、日常办公、内外交流方面提供全面、切实的支持。从信息技术与课程整合的角度出发,校园网应具备教师教学功能、学生学习功能、教务管理功能、资源信息功能、内外交流功能及辅于课程整合等教学的教育装备管理功能、行政管理功能等。

但是,这些功能也不可能一次性实现,要综合考虑学校资金的现状、用途及使用者的专业素质和应用能力等因素分步进行,将总目标分成多个分目标,每个目标又分成多个时段实施,最终实现总体目标。就建设而言,坚持经济实用与可持续性发展相结合,根据学校的经济水平和应用水平分步实施,切忌一步到位,要把有限的资金用在最急需的地方。

(三)应用推动、效益优先的原则

由于技术力量、财力和队伍的整体素质等客观原因,教育管理信息化存在主动性不够的被动推进局面。教育管理信息化可通过校际资源共享,构建资源联盟,发挥集团优势,积极探索资源建设的有效机制,推动教育管理信息化应用,走应用推动的路子,促进教育信息化的大力发展。教育管理信息化新模式构建要从信息基础设施和信息资源两个方面考虑构建的目标和方式,做到基础设施投资效益的最大化,软件资源建设要通过"资源联盟"的方式,降低信息资源建设的成本,走节约型信息化道路,推动信息化应用可持续发展,为构建和谐教育做出贡献。

(四)资源共享、够用实用的原则

教育管理信息化新模式构建要以信息资源的共享为出发点和落脚点,既要重视软件建设,还要重视硬件和技术力量,做到"统一网络平台、统一标准规范、数据充分共享"。

合理配置硬件资源和软件资源,注重使用效益,加强硬件与教育的整合,提升信息化教育水平,明确教育目的。避免盲目求高,以免造成不必要的浪费。要从够用实用的原则出发,构建适合本校实际情况的教育管理信息化新模式。

(五)配置标准、结构灵活的原则

教育管理信息化新模式构建中应遵守有关国际标准、国家标准、行业标准和有关规范,制定出相关的硬件标准配置方案和软件实施方案,按照标准完成设计要求,为以后的应用维护打下基础。

鉴于信息技术的迅猛发展,信息系统结构必须具有较好的灵活性,以保证将来的扩展和升级,适应各种业务不断发展。

(六)系统稳定、技术成熟的原则

各类硬件设备、软件系统要以运行稳定为前提,各类服务器满足每周7天24小时不间断运行的要求。在网络、管理和应用系统的可靠性方面,必须为容错性设计,以保证整个系统安全、可靠地连续运行,为信息技术与课程整合提供有力的支持。采用通用和成熟的技术,降低建设成本,减少设计和施工的难度,缩短建设周期。不能将有限的资金投入到前沿性的硬件项目建设开发上,要从国内外现有成熟的产品和解决方案中选择适合自己需要的加以利用,避免低层次的重复建设。

第二节　建立科学的教育管理信息化新理念

理念是人们经过长期的理性思考及实践所形成的思想观念、精神向往、理想追求和哲学信仰的抽象概括。理念也是一种思想,如经营理念、企业理念、办学理念、服务理念、设计理念、教育理念、新课程理念、管理理念、教学理念等。理念是支配行动的原则与信条,左右着管理者的行为;它是一种精神力量、价值期望;它不仅具有激励人的功能,也应具有教育人、规范人和指导人的作用。应对信息化时代的挑战,高校不但要进行教育创新,更要进行管理创新。高校教育管理创新的实质就是管理理念的创新、管理过程的创新和管理目标的创新。从管理职能来看,决策、组织、控制、协调等都会有创新。从管理的过程来看,决策、实施、检查、总结各个环节也会有创新,但其中的关键仍然是管理理念要创新。要实现高校教育管理信息化和管理的现代化,就必须从以下几个方面创新教育管理信息化理念。

一、建立 CIO 战略理念

教育管理信息化是一项重要的战略,学校各级领导必须从战略高度来思考、规划和推进高校信息化管理建设,建立 CIO(首席信息官)机制,把它作为"一把手工程"来抓,按照"统筹规划、分步实施"的原则,努力建构科学合理的教育管理信息化体系,促进教育管理现代化的可持续发展。

二、改进管理方式、提高服务质量的理念

信息技术是"手段",不是"目的"。信息化管理归根结底是为教学、科研、管理等各项工作提供现代化的工具和手段,是为提高教育教学质量、科研水平、管理效率以及整体办学实力服务的。在这当中,贯彻"以学生为中心"的理念,为教师服务,是信息化管理的核心价值体现。高校的根本任务是培养人才,用信息化技术、手段来推进教学、科研、管理创新,实现高等教育现代化,其终极目的在于更好地培养人才。

三、科学管理和应用理念

信息化管理的关键不是技术,而是组织与管理。信息化的成败,可以说是

三分技术,七分管理。应用是实施信息化管理的核心,现实中重硬件、轻软件和应用的现象普遍存在,似乎拥有了信息化设备就可以实行信息化管理。因此,应当把加强信息技术在管理中的应用、提高全校师生员工应用信息和信息设施设备的能力放在重要位置,努力提高信息技术设备的使用效益,推动管理水平的提高。

四、共享理念

信息资源与数据共享是高校信息化管理的灵魂。管理信息化的本质就是要实现信息资源最大程度的共享,而信息共享的核心是基础数据的共享。实践证明,信息共享机制必须在技术、政策、资金、管理四个层次上建立。技术机制是由一系列信息资源与数据的技术标准构成,是确保共享的基本前提;政策机制是为信息资源与数据共享提供制度上的保证;资金机制是按照"谁开发谁受益"的原则建立的协调信息共享供需双方利益的市场机制;管理机制是一种通过人为干预与调节来增进信息共享的行政机制,它在前三个机制的制约下发挥作用,前三个机制是基础性和主导性的,但管理机制是前三个机制和谐运转的保证机制,也是制定和完善前三个机制的控制机制。

五、以人为本理念

人是管理中的最本质、最活跃的因素,信息化管理的决策要靠人,信息化管理的建设要靠人,信息化管理的推广要靠人,信息化管理的目的也是服务于人。因此,高校推行信息化管理成功与否,最终决定于人及其素质。在推进信息化管理的过程中,要把出发点、着眼点、落脚点放在充分调动人的主动性、积极性和创造性上,最大限度地挖掘决策层、管理层、建设层、应用层中领导、干部及全体师生员工在信息化决策、建设和应用中的潜能,并把推进信息化与提高他们的素质,改善他们的生活、学习、工作环境紧密结合起来。要强化各级各类管理人员的培训,使他们能够熟练掌握现代信息技术,提高他们的工作效率和学院的整体管理水平。

六、资源丰富的理念

在教育管理信息化过程中,以先进、完善的教育管理理论为指导,以高速发展的信息技术为手段,以完善的软件技术为支持,以大容量的网络存储为物质基础,以高速稳定的网络为纽带,以多媒体技术为载体,借助功能强大的教学信息化平台,将各种职业要求、各种职业应具备的知识、各专业课程与职业的对应关系、各门课程与高校专业的密切联系、各门课程的学习要求、教学大纲和考试大纲、每门课程教学内容、课程考核评价指标体系、课程的教学计划和授课计划、每门课程的完整教学课件及拓展学习要求、及时在线作业资源、及时在线辅导与答疑资源、及时在线考核、教师的详细情况、电子图书资源、精品课程资源等教学、学习资源进行整合,力求信息资源丰富,构建扁平化、立体型的交互式教学信息化服务平台。高校教育管理信息化的建设是一个全面的教育管理改革过程,是一项复杂的系统工程。在组织实施过程中,应充分估计实施的难度,制定具体规划,建立强有力的组织机构,加强硬件和软件的建设,加强管理人员的培训,制订严格的管理制度,建立良好的管理和运行机制,从根本上保证教育信息化目标的实现,促进高校教育教学改革和提高教学质量。

七、BPI 理念

BPI(Business Process Improvement),即"业务流程优化",它是在"业务流程再造"(BPR, Business Process Reengineering)理念基础上提出的,旨在更好地满足顾客需要的服务,提高工作效率。BPI 强调渐进改良,通过分析理解现有业务流程,在现有流程的基础上进行优化并建立新流程,它是基于组织环境的变化,在信息技术进步的有力推动下,为实现组织绩效的改善而分析优化现有流程的一种理论。BPI 的优点在于通过对主要业务流程的分析和优化,可迅速获得工作绩效的提高,同时对整个业务流程干扰较小。因此,BPI 不仅是一种管理观念的变革,也是整个管理体系的创新,它的真正意义在于其对组织改革的实际作用。

第三节　教育管理信息化新模式构建的内容

一、融入开放性的思想

我国现阶段的高等教育已经从原来的精英教育迅速转化为大众化教育,受教育者的求学情况、知识基础与以往相比发生了很大的改变。政治辅导员和班主任要指导学生正确地面对竞争、面对择业、面对压力,引导学生规划人生,培养学生有宽广的胸怀和健全的人格,努力把德育渗透到学生成才、就业的全过程,要主动管理育人,提高工作效率和工作水平,创造更好的育人环境和氛围。

(一)建立优秀的管理团队和制度

如何适应时代的要求,培养社会需要的人才,是从事学生管理工作者的永恒话题,同时对学生管理领导干部提出了更高要求,即必须加强队伍建设。学校高层领导应加强对学生管理工作的重要性的认识,挑选一批思想素质高、工作能力强、具有一定学生管理工作经验的工作人员担任学校学生管理领导工作,经常性地组织并开展对各分校、教学点学生管理领导干部的专业培训,邀请较高水平的专家讲座,全面提升学生管理干部的素质。通过各种方式组织开展校与校之间学生管理工作的交流,请学生管理工作突出的管理人士讲解、传授管理经验,并通过讨论交流,达到共同提高、共同进步。以校本部为载体开辟全校性学生管理工作专项窗口,广泛讨论发表管理中的心得体会,创建全校性学生管理专刊,组织系统内投稿,把学生管理工作真正落到实处。

学校应建立导学教师引进、培训、考核、交流的整套制度。完善引进程序,严把入口关,力争把有能力、责任心强的导学教师引进来。建立严格的导学教师培训、考核制度。导学教师应对以现代计算机网络为主的多媒体现代远程教育技术有较深的掌握,能熟练运用计算机网络等媒体技术获取教学资源,并能配合辅导教师进行教学资源的整合,组织和指导学员开展网上答疑、BBS 讨论、双向视频等网上教学活动,利用 QQ 群、微信、E-mail 等与学员进行日常沟通。完善导学教师的流动计划,打破以往导学教师队伍建设的封闭体系,激活用人机制,拓宽导学教师出口,加强导学教师的交流和提拔,解决导学教师的后顾之忧。

为解决导学教师流动性较强、流失率较高的问题,必须加强导学教师的专业化建设,其中最主要的就是更新观念,尤其是更新领导的观念,全面提高导学教师的综合素质。导学教师在工作了一段时间后就会积累一定的工作经验,也会认识到自身不足。如果学校能制定一套完整的培训机制,给他们更多的培训学习的机会,不管是对学校还是对导学教师本人来说是双赢的。另外,还可以加强导学教师之间的沟通与交流,使导学教师的业务能力不断提高,确保导学教师在工作中发挥应有的作用,保证学生的培养质量。

(二)注重培养优秀的学生干部

好的学生干部不仅会给其他同学做出榜样,也会分担导学教师的工作重担,而且在这个过程中也锻炼了学生的工作能力。导学教师在选择班干部的过程中要一视同仁,不能因为个别小问题而否定他们的优点,广泛听取同学和任课老师的意见,综合学生的平时表现民主或择优选拔。选出优秀的学生干部后,要充分信任和尊重,减少个人干涉,使他们充分发挥个人的工作主动性和能动性。

学生干部队伍应真正发挥先锋模范作用,真正发挥战斗堡垒作用。学校应健全团支部、学生会组织,主动让学生组织成为学校与学生、教师与学生沟通的桥梁,通过民主推荐、个人竞选产生学生干部队伍。结合开放教育学生的生理和心理特点,通过学生干部开展广泛的思想交流。帮助广大学生树立和培养学习自信心,一方面,肯定他们在以往的学习和工作中取得的成绩和努力,使他们充分看到自己的优点和能力;另一方面,循序渐进式一对一式辅导,将他们在现有的环境中遇到的问题总结归纳,然后反馈经验。在交流沟通过程中,要注意交流态度,避免出现僵局挫伤学生的学习积极性;要充分尊重学生,大学生的自尊心相对来说较强,并且也更容易受到伤害,老师的教育手段要不断改进,积极与学生磨合,减少代沟的出现。在沟通的同时,鼓励他们学习后要在自己原有的领域有所创新和进步,帮助他们做好职业规划和人生规划。在思想教育过程中,应尽量避免说教式的交流方式,毕竟大学生都是成年人,强硬的教育态度只能引起学生的逆反心理,不仅不会配合老师的教育工作,甚至会放弃继续学习。对个别问题学生要单独关注,因材施教,明察暗访,找出学生学习欠缺的根源和影响因素,和周围同学、同事努力解决问题,最大限度地激发他们的学习主动性。

(三)通过加强校园文化氛围引导学生的学习和发展

开放教育的学生大多以参加远程教育学习为主,这些学生有着强烈的孤独感,他们渴望交流,希望像普通高校的学生一样有丰富的校园生活,感受来自众多同学的支持与友谊。学校应主动提供学生情感交流、培养兴趣和寻求帮助的平台,能够促进学生之间交流沟通,传承成长经验,解答学生疑惑,碰撞智慧思想,传递情感关怀,培养同学友谊,消除学习孤独感,增强学生的身份认同感、归属感和凝聚力,营造积极向上的校园文化氛围,促进学生的管理、学习和发展。经常性地开展校区、班级之间各种比赛活动,增进学生之间的友谊,有针对性地聘请相关行业的专家学者到学校举办讲座,促进学生的积极参与和交流。同时,用各种比赛的形式加强同行的良性竞争,使学生之间互相帮助,共同进步。对学生的学习积极性,导学教师应合理引导,帮助他们树立明确的学习目标,使他们既有针对性又能自我检测和反馈。

二、提升教育服务意识

现代教育以促进人的现代化和主体的全面发展为中心。主体性、发展性是现代教育的本质规定。基于此,现代教育倡导"教育是一种服务"的教育管理理念。它强调教育者(教师)以满足受教育者(学生)个性发展,为受教育者创造全面发展和主体生成的情境和条件。它概括了当今教育的经营态度和思维方式。在如何开展教育管理和教育活动问题上,相对于传统的教育管理理念,它具有自身的特点。第一,教育服务理念体现了现代教育以人为本的精神,突出了主体,突出了主体的生成和主体性发展:以培养现代主体人格为根本。它直接着眼于人,着眼于人的发展。第二,教育服务理念下的教育管理活动是教育者与受教育者互为主客体、主体间的对象性活动,是在教育者的组织领导下,教育者与受教育者共同参与的活动;是教育者的启发、引导、指导与受教育者的认知、体验、践行的互动;是教育者的价值导向与受教育者自主构建的统一的活动;是教育者与受教育者的相互教育与自我教育、教学相长的活动。第三,教育服务是现代教育管理的整体特征,它不是教育活动的某个阶段或某个部分、某个方面的特征。作为现代教育的根本指导思想,它是贯穿于教育管理活动的始终和教育管理活动的各个方面的。

教育服务的管理理念对于高校的改革、建设和发展有以下作用。

(一)教育服务理念为改革高校学生管理提供内部驱动力

我们的教育理念是培养人、改造人、塑造人,这具有很大的合理性和教育价值,但是怎样操作和实施,人们往往受一种片面的理念所指导。长期以来,人们一直将学生作为工作对象来加工,将教育完全观念化,以至于我们不能正确理解教育与社会、教育与个人发展之间的关系,使我们的许多教育政策与决策缺乏科学的基础。

树立高等教育服务理念,能够促使高校树立责任意识、市场意识和竞争意识,能够促使他们关注社会与受教育者的个人教育服务需求,推动高校自觉自主地进行改革,把握市场动向,完善服务体系,增强效益意识,提高服务质量。来自管理者自己对这种改革的需求和认同是改革高校学生管理最主要的动力。可以说,没有管理者对这种改革的深刻理解,没有管理者对学生管理的热情参与,没有管理者对学生管理的积极投入,学生管理理念要转变就十分困难。要求高校学生管理者树立教育服务管理理念,就是期望在形成教育服务理念的同时,一方面,使管理者意识到自己与服务,服务与学生的密切关系,因而去尝试改变对学生的态度,尝试用一种全新的视角去看待学生;另一方面,让管理者从根本上认识到传统管理的问题所在。服务理念首先是将服务对象当成自己一切服务工作的对象和焦点,将学生满意不满意作为衡量管理业绩的重要指标,在客观上就迫使管理者去反思原来的管理理念并努力去接受新理念、新方法。只有这样,才能形成一种内在动力去推动他们进行改革。

(二)教育服务理念为引导高校学生管理提出新的目标

传统教育理念培养人一般只要求听话、驯服,而不注重对独立思考能力的培养。教师培养学生追求"齐步走""整齐划一",对学生个体之间的差异和个体特征重视不够,因而培养出来的学生往往缺乏创新思维,很难适应时代发展的需要。学生是共性和个性的统一。共性是指学生的群体属性,而个性则指学生的个体属性。处于同一年龄阶段的学生,由于他们生命过程和生活经历的相似性,身心发展在同一规律支配下,表现出某些相同或相似的属性和特征,即共性。但这些共性只是相对而言的,由于个体间遗传因子、家庭背景、社会环境及教育影响的差异,学生的身心发展无论是在内容上还是在水平上都是千差万别的,学生的性格、兴趣、爱好、智力、能力不完全相同,即具有个别差异。这种个别差异是绝对的,是不以人的意志为转移的,这是学生管理必须面对的事实。

树立高等教育服务理念,不仅能够让我们意识到学生共性和个性的差异,还能够让我们意识到:"高等教育服务的生产者是教育工作者,他们通过消耗智力和体力,而生产出适合不同教育对象需求的,具有多方面性能的教育服务,处在生产领域。学生则是高等教育的消费者,处在消费领域。"这种理念为高校学生管理实践提出了新的目标。作为提供教育服务的教育者,在学生管理中应以学生为本,尽量满足学生(作为消费者)的需要。不同的学生有不同的需要,同一学生不同时期的需求层次也不尽相同,需求的多样化就决定了教师工作的复杂程度。在提供教育服务时,教师不再是以前高高在上的管理者,而是成了"弯下腰去"为学生提供服务的教育服务的生产者。要生产出优质教育服务,以满足不同人的所有合理需求,教师就要自觉地树立以人为本的服务理念,"弯下腰去"掌握学生的思想动态,不仅要了解他们需要什么、喜欢什么、想些什么、关心什么、拥护什么、反对什么、兴趣何在,更要了解不同年龄学生身心发育的规律和特征。要深入课堂、深入食堂、深入学生宿舍中、深入学生活动的各个方面,只有这样,才能从学生的角度制定出符合他们身心发展需要的管理规章,才能努力完善他们的个性,充分发挥他们隐藏在主体内部的创造潜能,才能受到更多学生的欢迎和喜爱。要生产优质服务,教师还要了解学生需求的变化。社会在变,时代在变,生活环境在变,学生的思想观念也随之发生变化,这就要求教师要不断调整教育方式,随时了解以前的规章是否符合发展的实际,以前的教育方式、教育手段是不是学生愿意接受的。

(三)教育服务理念为高校学生管理创造新型师生关系

传统的教育理念认为,学生是教育的客体,教师是教育的主体。受这种教育理念的影响,在学生管理中,教师和学生之间是管理者与被管理者、等级式的、指挥与服从的关系,学生是绝对的弱势方,学校是绝对的强势方,教育者总是凌驾于学生之上,对学生指手画脚,发号施令,有时甚至采取"训斥"和"惩罚"的手段来压服,其至制服学生。这种管理方法虽然可以暂时维护教育者的尊严和权威,也会取得一定的管理效果,但它付出了扼杀学生主体性、自主性和主观能动性的最大代价。

树立高等教育服务理念,要求教育者重新审视以前的师生关系,树立起新型的师生关系;从高等学校教师方面来看,在教育服务生产过程的师生关系中,学生作为教育服务消费者,在教育过程中拥有重要的地位,教师必须予以尊重,教师作为教育服务生产者,不能不认真考虑作为教育服务消费者学生的意见要求。这意味着教师必须改变角色意识,树立服务理念,从提高服务质量、保证消费者满意的角度出发考虑一切,才能做到因材施教;从学生来看,意识到接受高等教育是对高等教育的消费,意味着他们必须树立独立意识和自主观念,他们必须对自己的选择和行为负责,不能完全依赖学校和老师。这种新型的师生关系有利于学生管理中师生平等地、朋友式地、相互尊重地交流对话。管理者也只有从观念上意识到对学生进行管理就是对学生的一种服务,认识到尊重学生就是在尊重自己,放弃学生就是在放弃自己,学生的失败就是教师的失败,失去了学生就是失去了教师,这样,教师才可能真诚地去爱,真诚地付出,新型的师生关系才可能得以建立。在这种新型的师生关系中,学生管理倡导以"爱"为核心的情感管理。爱是一切教育的起点,是开启学生心灵的一把金钥匙,也是教育引导和管理学生的一种精神动力。只有爱学生,管理学生才能做到十分耐心,了解学生才能非常细心,为学生服务才会一片热心。而爱学生的最有效途径就是和学生交朋友,成为学生的良师益友。这样,一方面,可以唤起学生管理者的友爱之心,使学生管理者乐于并善于与学生交往;另一方面,可以使学生把学生管理者看成最值得信赖的人,向管理者敞开心扉,吐露心声,心悦诚服地、愉快地接受管理。

(四)教育服务理念为高校学生管理的评价提供新的依据

无论在什么条件下,任何一所学校的学生管理都有取得良好效果的预期。不同时期,人们衡量学生管理质量的依据不尽相同。传统的教育理念从管理者的角度出发,管理质量意味着管理特征对组织的规定与要求的符合程度。这一视角使组织更关注效率,即用最小的成本获得最大的收益,而被管理者对同样的管理感知不到同样的质量水平。

树立高等教育服务理念,衡量教育质量的标准则主要是服务对象的满意度。这一视角更关注服务对象需要的满足。与传统理念相比,这一理念已经意识到不同的服务对象会对同一产品感知到不同的质量水平。当学生或家长感知到满意的服务时,也就是他们对所有服务特征的期望都得到满足或超额满足时,他们把整体服务感知为优质,并因此对学校和教师保持忠诚,从而对学校产生归属感。用满意度来衡量学生管理,传统的强迫式的管理方法必然失去效力,这就促使学生管理者转变理念,认真研究学生,了解学生的身心特点,了解学生的需求,创新教育方法,来满足学生的需求,从而为高校学生管理提供了新的衡量依据。

用满意度来衡量学生管理,具体表现在要符合学校教育质量的以下几个特征。

1.有效性

有效性指能有效地发挥教育服务产品的功能和作用,满足学生学习的欲望,促进学生的发展。

2.经济性

经济性是指为了得到教育服务所承担的费用是否合理,因为优质与廉价是同等重要的。

3.安全性

安全性是学校保证服务过程中学生的生命不受危害,健康和精神不受伤害,人格不受歧视,合法权益受到尊重和维护。

4.时间性

时间性是指对服务的时间上有需求,需要及时、准时和省时。

5.舒适性

舒适性指需要舒适的学习环境,以及令学生感到舒适的服务态度。

6.文明性

文明性指需要学校有一个自由、亲切、受尊重、友好、自然和善意的、理解的氛围,希望教师有较高的知识修养、文化品位和幽雅的举止谈吐。

用满意度来衡量学生管理要以服务对象为衡量主体。学校应给予学生充分的评估权;学校应制定教育服务质量标准,并使服务者了解标准;研制学生满意度问卷调查,用以作为衡量学生管理的主要标准。当然,用满意度来衡量学生管理并不意味着对传统衡量标准的彻底抛弃。为了对高校学生管理做出更科学的评价,可以建立高校学生管理满意体系。这种体系除了学生满意外,还包括管理者自身满意体系,包括上级对下级的满意、下级对上级的满意及家长满意、社会满意等。这种系统化的满意体系有利于学生的健康成长,有利于学校的管理,使师生之间建立起共同学习、共同进步的良性循环。

(五)在学生管理工作中树立服务意识的几点要求

1.思想观念要转变

长期以来,传统的学生管理工作是以管理者为中心开展的,管理者对学生拥有绝对的权威,管理者与学生的关系是"管"和"被管"的关系,管理的内容主要表现为要求被管理者"做……""不做……""如果……",管理的基本方式是

"要求""批评"(甚至是训斥、吓唬)和"处分"。这样的管理方式在特定的历史时期,对矫正学生的不良行为习惯是起过积极作用的。

但在这样的管理理念下培养出来的学生缺乏独立思考的能力、缺乏创新精神,依赖性强。随着社会主义市场经济的不断发展,社会竞争日益激烈,社会对大学生素质、能力的要求不断提高,传统的管理模式已经不再适合当前的高校学生管理工作,我们就应该结合新情况,用发展的思维去改进它,并完善它。在管理中融合服务的思想,体现"以人为本"的管理理念就是适应新形势的有效方法,我们应意识到它的重要性,切实贯彻到管理工作的各个方面和各个环节中。

2. 工作态度要转变

学生是整个教育过程的主体,在学生管理工作中要充分尊重学生的个性和人格,转变以前高高在上、不俯下身子的管理者的姿态,带着管理就是服务的理念,不断提升自身工作对学生的吸引力和亲和力,主动深入学生群体,经常倾听学生的意见和建议,及时对工作的不足之处加以整改,贴近学生生活,贴近学生实际,视学生为朋友,宽厚待人,主动去尊重、理解、关心和帮助学生,引导他们以主人翁的姿态投入学习、工作和生活,促进学生道德自觉自律意识的养成,最大限度地发挥创造潜能。

3. 工作作风要转变

说得好不如做得好,树立落实服务意识,关键在于工作作风的转变。要把解决学生的思想问题和实际问题结合起来,主动观察学生关心关注的热点和焦点问题,及时高效、公平、公正地做好学生的评优评奖、党员的发展、贫困生精神和物质的帮扶、就业推荐和指导等工作,让学生感受到实实在在的服务效果。特别是在对待学习后进生和个别违纪同学的管理中,要学会感动他们,通过各种有效的帮助教育途径,比如指导学习方法、多表扬他们的优点等,使他们觉得老师的工作是为他们着想,是为了实现、发展和维护他们的利益,从而自觉学好、表现好,促进整个群体管理的顺利开展。

4. 服务意识的树立要与坚持制度相结合

在学生管理中,制度是工作的保障,服务是工作的理念,稳定和谐是工作的目的。强调树立服务意识不是抛弃制度的约束,而是增加制度落实的人性化,没有制度依靠的服务是无力和软弱的。对于个别纪律观念薄弱、思想觉悟低、道德品质差、屡次违反纪律的学生,应该按照规章制度给予相应的处分和处理,这样才能维护绝大多数学生的权益,赢得绝大多数学生的支持。同时,规章制度的坚持与落实需要服务意识的体现,只有怀着服务好学生的思想,才能赢得学生的理解与配合,才会将外在的规定转化为学生内在的自我要求,这样学生管理才会具有实效性和持久性。

(六)在学生管理工作中树立服务意识的几点建议

1.建立一套科学、规范、完善的学生工作制度

高校应按照国家有关法律规定,依据本校实际情况制定完整的、可操作性强的程序、步骤和规章制度,并以此规范学生的行为,行使有效的管理。完善学校的规章制度,第一,应确定制定主体,不仅学校领导参与、管理者参与,作为被管理者的学生也要参与,这样才能充分体现学生的利益,实现"以人为本"。第二,学生管理制度应当完善,不仅要注重实体内容,还要注重程序内容。比如,学生处分制度,应当列明学生在哪些情况下会受到处分,还应有学生辩护机制和申诉机制。在所有的程序都完成后,再由决策机构来认定处分该不该执行。第三,学校应有快速反应机制,对国家某项新的学生管理政策或者法规出台后,学校应快速制定出相应的实施意见。第四,除了这些强制性的规定,还应当有一系列自律性的规定,使学生明确集体生活中行为自律的重要性而自觉规范自己的行为。

2.发挥学生主体能动性,变被动管理为自我管理

在工作中要注意调动好学生自身参与管理的积极性,让学生积极参与学生管理工作,改变学生在学生管理工作中从属和被动的地位,不单纯地把学生看作教育管理的客体,以利于消除大学生对于被管理的逆反心理,实现大学生的自我管理。在学生管理时宜推行以学生工作处指导下的,以辅导员、学生干部为调节的,以学生自律委员会为中心的相对的学生管理方式。如此,既能锻炼学生的能力,又达到了管理的目的。

3.完善对学生管理者的选拔模式和培训机制

提高学生管理工作者的待遇,建立一支专业稳定的学生管理队伍。一是学生管理者的选拔模式要创新。如今的学生管理工作者的选拔制度存在一定的缺陷,有的是毕业生为了留校做老师而将从事学生管理工作,作为以后成为任课教师的跳板;有的则是通过各种关系安排进来。因此,在这样的情况下,学生管理工作者很难保持高度热情,管理水平也不一定很高。而新的选择模式是要面向全社会,以完善的选拔机制来完成对学生管理工作者的选拔,这样才能招募到各类人才,使学生管理队伍进一步扩大并提高一定的质量。在选拔人才的时候尤其要注意他们在教育学、心理学、管理学方面的知识。在国外,做家政服务都必须具备心理学、教育学等相关证件,持证上岗。作为学生管理者的选拔就更应注重教育、心理、管理方面的知识,最好是具备这方面的学历。二是学生管理者培训机制要创新。学生管理工作是一项十分灵活多变的工作,需要管理者有足够的经验和专业知识来处理各种突发事件,因此对管理队伍的专业培训显得尤为重要。在新型学生管理模式下,任课老师是一种了解学生情况和反馈情况角色,宿舍管理者也是一个重要角色,因此原来这种专业性的培训机制针对的主要是校、院、班三级的学生管理工作者要改变,应面向专业课教师、学生辅导员和宿舍管理员,对学生辅导员、宿舍管理员要注重教育学、心理学、管理学等方面知识的更新与培训,以及他们处理突发事件的应急能力,让他们将"学会管理"与"学会学习"结合起来,使学生管理工作者能不断超越自我,从而培养出一支专业稳定的学生管理队伍。应注重专业课教师对学生工作相关知识的了解程度的培训,使他们从被动到主动关心学生的成长,关心学生工作,从而在各高校树立全员育人的思想。三是关注学生管理者的待遇。学生管理工作需要管理者保持极大的耐性和工作热情,管理工作相当烦琐,使很多管理者不能维持工作的长期性,而管理者的经常变动则影响学生管理工作的开展和完善,因此提高学生管理工作者的待遇,使其能稳定地从事这一工作是必要的。

4. 加强学生的德育教育和心理健康教育

当今高校教育中的人才培养,不只是要使其获得专业知识和技能,也要培养其道德修养和心理素质。而大学生面临来自学业和就业等多方面的压力,独生子女的心理弊端便显露出来,如承受能力差,容易造成一些消极的后果。高等学校是培养主流意识形态的重要阵地,对构筑大学生良好的精神世界起到重要的作用。高校学生管理者应通过各种渠道和方式,帮助大学生树立正确的世界观、人生观、价值观,形成高尚的道德情操和坚强的心理素质。所以,高校学生管理工作中的一个重要内容就是加强学生的德育教育和心理健康教育。对于这一点,很多高校已经认识到并正在改进,在实际工作中注意结合大学生实际,广泛深入开展谈心活动,有针对性地帮助大学生处理好学习成才、择业交友、健康生活等方面的具体问题,提高思想认识和精神境界。要制订大学生心理健康教育计划,确定相应的教育内容、教育方法。积极开展大学生心理健康教育和心理咨询辅导,引导大学生健康成长。

"以人为本"的管理模式是顺应当今形势行之有效的模式。学生管理者要结合实际情况,积极运用这种模式,在管理中树立服务意识,充分调动学生自我管理的积极性和能动性,实现管理者和被管理者的有机融合,实现学生管理的时效性和持久性。

三、创新管理方式

创新是高校学生管理的灵魂,也是高校发展的关键。高校只有大力进行管理的创新,摒弃陈旧、落后的管理方式和方法,创建一种与时代发展相适应的新的管理机制,才能真正提高高校的管理水平,从而实现高校提高办学质量和办学效益,培养大批优秀创新人才的理想目标。尽管全面创新管理是针对企业的创新提出的,但对高校也同样适用。

(一)高校学生管理工作创新的必要性

今日高校的功能已由单一走向多元,从简单趋向复杂,高校与社会的关系日益紧密。21世纪,人类社会正进入一个以智力资源为主要依托的全球化知识经济时代,随着知识经济社会的到来,高等教育将在社会中发挥空前重要的作用。高校作为法人实体,必须有全面创新思维,否则将落后于历史前进的步伐。全面创新管理特别是其根据环境的变化突破了原有的时空界域和局限于教育管理部门和教师创新的框架,突出强调了新形势下全时创新、全球化创新和全员创新的重要性,使创新的主体、要素与时空范围极大扩展。

1. 管理创新是培养高素质人才的需要

当前,科技飞速发展,新技术不断涌现,要培养大批高素质人才以适应新时期生产建设的需要,必须不断推进教育创新,这其中不仅包括教育观念、教育制度的创新,在人才培养模式和学生管理工作上也必须探索出一条新的道路,才能提高人才的素质和能力。学生管理工作是高校育人的重要手段,其本身并不是一个简单的政策、制度、规章所能涵盖,而是一整套理论体系和系统工程的反映。学生管理工作的创新过程必须不断与外界思想、政策、环境相比较,适应时代的潮流和社会的发展,这样才不会被时代所淘汰。

2. 管理工作创新是高等教育大众化的需要

自1999年高校扩招以来,招生规模的不断扩大,学生人数的不断升高,以前的所谓"精英教育"渐渐被大众化的教育模式所取代,大学生的整体素质和层次也在发生着巨大的变化,这对大学生管理工作是一个不小的挑战。高校学生管理工作只有积极创新,不断探索,才能适应高等教育大众化发展的要求。

3. 管理工作创新是服务学生的需要

我国当前正处于社会转型期,社会生活方式逐渐多样化,大学生的思想观念、价值观念、生活方式都在发生着巨大变化。网络技术快速发展,大学生对于新知识、新技术的接受和学习更快,这使得他们被网络深深地影响着。从学生管理层面上来看,互联网的确带来了新的技术和方法,但互联网也冲击着传统的管理方法和体制。网络信息良莠不齐,不少学生难以判断、抵御不良信息的侵袭,其思想受到这些虚假、反动信息的毒害,导致部分学生沉溺于网络游戏中,甚至走上违法犯罪的道路。因此,必须对管理模式进行创新,这是加强学生工作的需要,也是提高高等教育质量的需要。

(二)全要素创新在高校学生管理中的应用

1. 高校创新发展战略的制定为全面创新指明了方向

高校在战略措施的制定上,要找准切入点,突出特色,坚持特色办校,将有限资源用于战略性、关键性的发展领域,使之发挥最大的效用。高校的优势源于管理者将内部所具有的专业特色优势、人才优势、学术科研成果、管理经验、资源和知识的积累、整体创新能力等多种因素整合。只有建立在现有优势基础上的战略,才会引导高校获取或保持持久的战略优势。应推进特色办校战略,即不仅在某一学科或专业上有特色,而且尽可能进一步在某一领域上有特色。

2. 创新文化的建设是实现高校全面创新的源泉

各种创新活动都离不开高校创新氛围的基础,如果高校中人们的思想僵化,思路不清、机械、呆板,满足现状,不思进取,缺乏创新欲望、动机,对创新举动不予理睬甚至百般阻挠,就不可能形成强烈的创新氛围。据研究,国内外的一些著名高等学校,其保持长盛不衰的活力之源就是独特校风的延续和更新机制的存在。

3.技术创新是实现高校全面创新的手段

现代信息技术对教师的学科知识结构及掌握现代化教育技术的程度也提出了更高的要求,引发教学方法和手段的现代化及课程内容的更新,也将影响教学和人才培养的过程,对大学生的思维方式、行为模式、价值观念、政治倾向等都产生深刻的影响。

4.创新制度设计是高校实现全面创新的保障

任何一个制度和政策设计的终极目标都是要最大限度地激发人的积极性。高校必须承认个人在知识发展中的独特性,建立"以人为本"的创新思维、创新能力培养的管理制度,既有利于充分发挥学生的学习积极性,又有利于充分发挥教师的教学积极性。

5.学习型组织是高校实施全面创新的必然选择

随着我国高等教育向大众化阶段的迈进,高校办学规模不断扩大,管理幅度和管理层次也相应增加,高校实际上已经成为一个复杂的组织系统,传统的金字塔式的组织结构已很难适应知识经济的要求。因此,应改变组织结构,建立一种有机的、高度柔性的、扁平的、符合人性的、能持续发展的、充分发挥员工的创造性思维能力的组织。

6.全时空创新在高校学生管理中的应用

全时空创新每时每刻都在创新,使创新成为涉及学校各个部门和师生员工的必备能力,而不是偶然发生的事件。这就要求在课程体系中增加创新能力的训练和综合实践课程,提高学生在亲身实践中发现问题、解决问题的能力,进而激发灵感。同时,教师要更新教育观,转变教育思想,改变常规教学方法,把知识的最新成果及学术界正在争论的问题随时融入教学中,身体力行站在创新的最前沿。况且,在全球经济一体化和网络化的背景下,高校应该考虑如何有效利用创新空间,在全球范围内有效整合创新资源为己所用,实现创新的全球化,即处处创新。

7.全员创新在高校学生管理中的应用

全员创新要求师生员工必须学习、学习、再学习,不仅要系统学习掌握基础的现代科学文化知识,而且要钻研某一专业方面的前沿领域,做到博与专、基础与特长的和谐统一,加强当前的阶段性学习,更要强调终身学习,不断增加新知识、新技能,保持良好的知识结构。高校学生管理人员再也不能像以往那样用传统的组织手段来指挥一群富有知识、渴望创造的教育工作者,必须不断探索高校学生管理中的新规律、新问题,研究现代化高校学生管理的新的方法论,寻求新形势下行之有效的管理方法,努力增强高校学生管理的科学性和艺术性,不断提高管理成效,用信息化管理方式取代传统管理方式,更要学习借鉴国内外先进的高校学生管理经验。

8.全面协同在高校学生管理中的应用

正常的教学秩序需要稳定的教师队伍和部门之间的协同管理创新。目前,高校规模的不断扩大使高校学生管理创新呈现出纵向的多层次和横向的多部门性,并且相互依存。无论是从高校教育和教育管理的主体还是从客体来看,都不可避免地会出现利益和要求的多元化局面。高校学生管理中的协同创新行为是高校多个部门创新的组合过程,必须让所有参与协同的部门了解当前高校组织创新的实际情况,这不仅有利于单个部门的创新,而且在创新过程中能进一步增进相互的理解和信任,利用部门之间相互协同创新,从而增强高校的凝聚力,提高高校的管理效率和创新能力,最终实现解决矛盾,缓解纠纷,消除内耗,达到整体创新的目的。

(三)高校学生管理工作创新的几点建议

1.完善学生管理制度

高校学生管理制度是在全校范围内具有普遍约束力的各种规章、条例、制度等,是高校依据国家有关法律法规制定的行之有效的管理办法。然而,我国高校的学生管理制度大多沿用老一套的管理办法,已经跟不上时代的发展。因此,必须尽快制定出与时代和社会现状相符合的管理制度,完善管理上的不足。

2.思想政治教育的地位不可动摇

高等教育的根本目的是为我国的社会主义事业培养人才,为生产建设和经济发展提供人才保障。因此,社会主义思想政治教育一直是我国高等教育体系的重要组成部分。管理工作的创新也要充分利用思想政治教育这一强大武器,将马克思主义贯彻到大学生的生活、学习、工作中,为他们确立正确的世界观、人生观、价值观提供坚实的理论依据,使其能够自觉抵御各种不良信息和消极思想的冲击,将个人的成长与国家发展、社会进步有机结合,促使大学生不断努力、不断前进。

3.学生管理队伍专业化

目前,我国高校的学生工作管理队伍普遍存在这样或那样的问题,如专业背景不同、理论基础不扎实,在学历水平和思想素质上也存在很大的差别,这对于高校的学生管理是十分不利的。因此,努力培养和造就一支学生工作的专家队伍是当前学生管理工作创新的当务之急。一支专业过硬、素质较高的学生管理人才队伍,不仅能够管好学生,更能服务学生、培养学生,提升学校的综合实力。

高校全面创新管理体系的建立是一项复杂而艰巨的工程,不仅需要对全面创新管理中的各要素理解掌握,还应采取以下策略:①在宏观上政府要明确在高校科技工作上的职能定位,加强对高校科技工作的战略规划,对高校实行分类指导,引领科研方向;②在中观上加强校内、校外,国内、国际的科技交流与合作,建立和完善科教经互动的合作创新体制,构建开放的人才培养体系和多元化、多渠道的科技创新投入体系;③在微观上各高校要实施高校科技管理体制创新工程,建设科技资源共享的创新基础平台,实施科技创新人才选培工程,培育科技创新文化,提高投入资金的使用效率。

四、有效利用网络

互联网已成为高校学生管理工作中不可或缺的一部分,给高校学生管理工作带来机遇的同时也带来了挑战,如何充分发挥其独特优势,消除具体工作实践中的局限性,创新管理模式,将是新时代下高校学生管理工作取得成功的关键。

(一)什么是网络化平台

网络化平台是指在对计算机网络进行应用的前提下,处理各方面的工作。

本节研究的对象主要是处理学校中的一些事项,主要包括硬件和软件两种设施。在各个区域网的基础上将所有的支持服务系统提供出来,通过系统将工作内容的开发工具提供出来,可以导入多种类型的文件,将连接和有机整合的功能提供出来,对各项工作进行全面、系统的管理。

(二)现阶段网络在学生思想教育中的应用现状

为了使网络信息技术能够更好地被学生所应用,并且将高水平的网络化平台构建起来,我国很多院校对校园内的网络平台进行了完善。特别是近几年,网络化开始在校园中大面积地普及。作为最先进的传播手段,网络的开放性、综合性、全球性、多互性的特征使更多的交流机会和畅通的渠道在不同文化与事物之间相互传播,给社会的发展带来了巨大的推动作用,给人类的发展也带来了促进作用。网上的信息相对复杂,虽然有很多有益、健康的信息,但也不乏一些迷信、黄色、反动的信息。

因此,不健康信息对于未步入社会大门的学生来说,势必会带来一定的负面影响,对学生的思想道德与行为习惯都会造成负面的影响。因此,构建校园绿色的网络平台就显得非常必要。

1. 网络化有助于掌握学生的思想道德状态

思想政治工作人员或班主任教师能够利用这项技术更真实迅速地对学生进行了解与掌握,在提升学生思想政治工作的过程中能够更加有针对性,尤其是一些能够引起学生普遍关注的社会和校园热点问题。随着信息时代的到来,学生都喜欢将自己的思想动态以电子数据的形式反映在网络上,互相之间进行讨论与交流。因此,教师可以利用网络平台第一时间获得学生思想上的真实的资料。教师可以利用对学生网站的搜索、整理及分析,找出有效的方式,及时地发现学生的思想波动与误区,对学生的思想政治方面给予正当的引导。

2. 网络化有助于改进思想道德教育模式

传统的教育方式只是通过教师在课上或课下的口头引导,或凭空举出一些例子来进行教育。这种教学模式存在很大的弊端:一是没有认识到思想教育在学生发展中的作用;二是学生虽然明白老师是在激励自己,但是由于教师的讲解缺乏生动性,使学生在意识上很难接受。因此,而对这样的情况,在利用网络化平台对学生进行思想教育的过程中,能够将大量的信息呈现出来,为学生提供丰富多样的素材。这些极具感染力的素材使学生不再感到枯燥乏味,从而积极地接受。此外,在对学生进行思想教育的过程中,网络平台中网络传递的及时性可以更加快速地将信息传递出来,使学生们感到思想教育工作无处不在。

3. 网络化有助于净化思想道德素质内容

随着网络时代的到来,更多的网络技术与信息被广大学生所认知和应用,但是由于学生的自控能力普遍较差,很少将其应用在合理的方面。因此,学生容易受到网络上不健康信息的污染,影响自身的思想道德的培养。因此,在此背景下,学校网络平台的搭建很好地解决了这方面的问题。学校网络的安全系数比较高,在对学生进行思想教育的过程中,会大力宣传绿色教育,强力抵制那些不健康的信息,这在一定程度上会转变学生的思想观念,学生在课余时也会自觉抵制不健康因素,明确自身思想发展的方向。

4. 网络化有助于开阔思想道德教育的视野

现阶段,随着网络技术的不断发展,已经实现了在第一时间收集世界各地的信息,且不受空间和时间的限制,对于传统信息沟通方式不能解决的问题进行有效的解决。因此,学校网络平台的建立,能够给思想教育提供更加宽广的平台。同时,学校网络平台在对学生进行思想政治教育的过程中,对学生需要的信息能够进行及时的下载,对学生的思想发展情况进行详细的存储,将更多的教育时间提供给非教育者和受教育者。强化学生的思想道德观念,将思想教育和引导提供给学生,解决了传统思想教育的时间、空间桎梏,给学生提供开放性、全社会的教育空间,利用网络的特性对学生进行思想政治教育。相关人员在对学生的心理进行分析时发现,在教学时,通过听觉与视觉相互结合,能够将学生认识事物的能力提升65%。因此,利用网络进行教学可以对学生的思想进行准确、快捷的了解,对网络信息的优势进行充分的应用,将思想政治教育的渠道和空间不断的扩展,将适合青少年的更有效、更新颖的思想教育方式提供给了学生,开阔学生思想政治教育的视野,丰富学生的思想。

(三)网络对高校学生管理工作的影响

随着信息技术的发展,互联网作为一种新媒介已成为大学生工作、学习与生活不可缺少的一部分,网络行为成为大学生的一种生活习惯,而作为网络的主要使用者,大学生的意识形态及行为方式也深受网络的影响,他们逐渐倾向于在网上发表自己的各种看法、愿望和意见等,并开始通过网络行为来表达对与自己息息相关的学生管理工作的关注和诉求。在实践中,网络技术也不断地被运用到高校学生管理工作中,这既给学校的学生工作带来了机遇,也带来了挑战。一方面,网络技术的应用使学生管理工作变得高效、便利且人性化;另一方面,由于网络自身虚拟化等特征,也使教育管理环境变得复杂化,这对高校学生管理人员提出了新的要求。如何运用好网络这把"双刃剑",充分发挥其独特优势为育人管理服务,将是高校学生管理工作能否取得新突破的关键。

(四)利用网络平台强化对学生的管理

在对学生进行管理的过程中,网络平台的构建对于学生的管理工作强化带来巨大的帮助,其中主要应用在以下几个方面。

1. 强化了学生思想管理工作

思想能够影响一个人的行为,尤其是对于学生来说,他们的思想还存在着一些不成熟的方面。学校利用网络平台,可以将社会上最新的消息传递给学生,使学生第一时间接受最先进的思想引导。此外,学生因为在学习过程中经常会遇到各种困难,思想波动的情况会时常发生,教育人员可以利用网络将学生反映出来的情况及时地进行汇总,将合理的方案制订出来,实时关注学生的思想变化情况,随时关注学生思想上的波动。

2. 强化了学生心理健康教育

无论是哪一阶段的学生,都容易出现心理上的波动,这样,对于学生的身心健康的发展都会带来严重的负面影响。加之网络技术的出现,虽然开阔了学生的视野,但是由于很多学生迷恋网络,而迷失了方向,心理上也蒙上了一层黑雾一时难以散去。面对这样的情况,学校利用网络平台对学生的这种不健康的心理加以正确的引导,用健康的网络来代替那些肮脏的网络信息,通过网络信息对学生的心理特点和思想脉搏进行有效掌握。

3. 强化了对学生学习上的管理

学习是学生的本职。随着教育改革的不断深入,传统的教学方式已经很难适应社会的发展,为了开阔学生的视野,学校的网络平台在其中发挥了极大的作用。网络平台被各个学校运用后,可以为学生提供更活跃的课堂氛围。利用网络平台将学生的个人信息和学习情况输入网络中,这样,教育者可以对学生的学习情况及时地掌握,如果学生某个知识点没有理解,就可以通过网络及时得到老师的帮助,而老师会第一时间为学生进行解答。从某种程度上讲,网络平台的搭建为老师管理学生的学习,学生及时地寻求老师帮助之间架起了一座桥梁。

4. 增强学生的凝聚力

现在的学生以自我为中心的理念非常强烈,缺乏团结友爱的精神。在面对这样的学生时,班级管理者显得有些力不从心,管理起来会非常吃力。如此一来,班级就会如同一团散沙,对学生各个方面的发展都会带来严重的影响。随着网络平台在学校中的应用,教师可以通过学生的网络信息及时了解他们的真实情况,对于出现的问题,可以有针对性地进行解决。另外,教师可以根据网络平台,构建团体性的活动,使学生能够经常融合一起,不断地通过网络上的集体活动,增进学生之间的友谊,这样,学生的凝聚力就会慢慢地被培养起来。

(五)网络时代下高校学生管理工作的新举措

1. 开拓网上思想政治教育阵地,加强对学生网络民意的疏导

网络具有开放性,它完全打破了原有国家、社会之间的限制,将世界各地都紧密联系起来,不同意识形态之间的思想碰撞和文化冲突达到前所未有的程度。一些别有用心的西方国家借此机会通过网络平台对我国进行意识形态的渗透,大肆宣扬西方的文化理念、政治制度等,散布影响社会稳定的言论和信息,以此来削弱我们对马列主义等主流思潮的信仰,淡化我们的民族意识。部分思想和三观尚未成熟的大学生在如此强烈的多元文化碰撞下逐渐迷失了自我,对原有的主流理想信念产生怀疑,造成学生政治观念的淡漠、价值观念的偏离,出现极端个人主义、拜金主义等问题。

作为高校学生管理人员,必须抢占网络高地,通过网络平台创建"红色网站",在校园网上建立理论专区,构建思想政治教育阵地。一方面,高校学生管理人员应高度重视大学生网络民意的表现,密切掌握大学生的思想动态,对于大学生所关注的热点、难点问题在网上给予及时的回应,做好疏导工作。管理人员应该想办法深入学生喜欢参与交流和讨论的网上社区、网站和聊天室等,积极与学生互动交流,及时了解大学生的网络情绪。特别是针对一些学生关注的重大政治、意识形态等敏感问题要及时在网上进行旗帜鲜明的正面引导,在引导过程中要注意坚持柔和的交流态度,言之有理,言辞恳切,力求把一些尖锐的矛盾化解在萌芽状态。同时,要尽可能团结好网络中的骨干活跃人员,在网上敏感话题的争论中,网络上的骨干活跃人员的行为对普通网民有巨大的影响力,要积极发挥他们的正面影响力,教育和带动更多的网友理性、成熟地思考问题。另一方面,要建立网络舆论突发事件应急机制。突发事件发生后,通过网络广泛、迅速、覆盖面大的信息平台将真实情况直接发送给每位同学,提高组织传播的效率,减少信息在多层传输过程中的人为减损,防止学生被不实信息误

导煽动而引发更大的混乱。

2.增强学生网络法制意识,加大网络文明建设力度

当前,我国关于网络的相关法律法规并不完善,高校对大学生网络法制意识与网络文明的宣传教育力度不足,加上对大学生的网络行为缺乏正确、有效的引导,导致大学生普遍的网络法制与网络文明意识不强,从而造成大学生网络行为规范的缺失。高校作为大学生网络法制与文明建设的主要场所,并未有效占领网络法制文明系统建设的前沿阵地,未能形成良好的校园网络文化氛围。

针对这一现象,首先,国家要根据网络发展的新情况和新问题,及时制定和出台一系列能适应网络环境快速发展的新法律法规,不断提高打击网络犯罪与网络不文明行为的能力。高校学生管理人员要加大对学生开展网络普法教育、网络安全教育和文明上网教育的力度,积极引导学生以遵纪守法为荣,对有关网络法律问题进行主动思考,如利用社会上的一些典型案例教育学生触犯网络法律所应承担的法律责任,以示警醒;同时,可在学校相关网站或 BBS 社区上开辟寓教于乐的法制教育网页,设立在线互动答疑等栏目,发动学生积极参与对网络违法现象与不文明行为的深入探讨,在潜移默化中提升大学生的网络法制与网络文明意识。其次,必须坚持他律与自律有机结合,倡导在学生群体中形成互相监督,合法文明使用网络的氛围。杜绝学生对网络违法与不文明行为的互相包庇与谅解,使学生分散的网络文明行为凝聚成有组织的共建网络文明的行动。在此过程中,应充分发挥学生党员的模范带头作用,培养一支政治立场坚定、作风正派、网络技术过硬的学生党员队伍,充当网络文明使者,利用他们来自学生中便于与学生沟通、易于被学生接受认可的优势,引导好大学生的主流价值观,使他们肩负起宣传网络法律法规、倡导网络文明的重任。

3.建立一支具有网络时代意识与过硬网络技能的学工队伍

高校学生管理面临的环境发生了变化,网络信息技术的快速发展向传统的高校学生管理理念与方式提出了新的要求,这是新时期高校学生管理工作必须正视的现实环境。学生管理人员要想有足够的能力应付在新的教育管理环境中出现的新问题,必须强化自身的信息素质,提高现代网络技术应用的能力,才能充分利用网络资源优势,拓宽高校学生管理工作的空间,增强学生管理工作的针对性和实效性。

因此,高校学生管理者要抢占网络高地,建立属于自己的网络构架。注意网络社团、BBS社区、微博、QQ、微信等网络媒介在工作中的运用,努力实现班级管理网络化,提高工作效率,使大学生表达的意见更有机会直接接近管理中心,从而改变以往信息不畅,具体管理工作、措施与现实脱节的被动局面,增强学生管理工作的针对性和科学性。此外,基于传统的教育理念,学生对老师都既敬又畏,在老师的面前难以敞开心扉,真实地表达自己的所思所想。而网络隐秘性与虚拟性的特征使网络交流少了现实中面对面交流的尴尬和顾忌,现在大部分学生都热衷于通过网络平台来表达自我,很多时候都会把自身的心情、心态或对事件的观点即时通过网络来宣泄,这样的情况导致管理者对学生的思想难掌握、问题难发现,久而久之,师生关系也渐行渐远。多关注学生在网络上发表的信息,可以及时掌握学生的思想动态,从而对症下药,将一些不良的思想遏制于萌芽状态。相对于以往传统、低效的育人管理环境,当前高校教管工作成败的关键,在于管理人员是否能够在第一时间准确地获取高质量的信息,只有在知己知彼的情况下才能做出正确有效的决策。

4.充分利用网络资源,加强对学生的服务工作

在现阶段实践中,网络技术与资源在高校学生管理工作中的应用还处于初始阶段,很多都是停留在"面子工程"的形式上,没有落到实处。要切实在网络上开展学生管理工作,必须坚持管理与服务相结合的原则。一方面,加大校园网络的信息量,在校园网络平台上,除了能查询到学校的各种方针政策、规章制度和通知等常规信息外,还应包含各种大学生常用的学术、生活社交网络资源,努力把校园网络建设成一个便于大学生学习、生活的综合性平台。另一方面,多拓展针对学生的网上服务空间,如开展网上心理咨询、网上就业信息咨询、勤工俭学信息、网上社团活动等,努力利用网络自身具备的优势特征来消除某些管理工作或服务在现实操作中的局限性,开创高校学生工作的新局面。例如,大部分心理有问题的学生都不太善于交流和沟通,而网络可以提供一个全新的平台,通过网上心理咨询服务,可以消除面对面的尴尬,避免现实交流带来的障碍,慢慢地深入问题学生的心理,使其敞开心扉地宣泄内心的情绪问题,从而使教育管理者可以对症下药,准确地引导学生的行为,为更顺利地开展学生心理工作提供良好条件。

5.注重网上管理与网下管理相结合

作为一个高校学生管理工作人员,无论信息技术发展如何迅猛,网络技术与高校学生管理工作结合得如何紧密,我们必须明确:学生管理工作不是在做"虚拟世界"的工作,而是在做"虚拟世界"背后的学生主体的工作。利用网络平台开展高校学生管理工作,要做到网上管理和网下管理相结合,做到以情感人、以理服人。同时,加强校园现实的软件和硬件建设,增强现实空间对学生的吸引力。很多大学生沉迷于网络的虚拟空间,主要是由于在现实世界中,他们的很多想法和诉求都不到满足,只能在虚拟世界里寻求慰藉。为了改变这一局面,学校要多开展受学生欢迎、易于学生接受的校园文体活动,尽可能使所有学生的心理诉求能在现实中得以满足,让他们有平台与机会能各尽其能,从而增强现实校园对学生的吸引力,增强学生的幸福体验。

综上所述,随着信息时代的到来,在人们生活或学习的各个领域中都能看到互联网的影子,它在各个层面和领域中都有所渗透。互联网用其多种功能不断地丰富着人们的生活和阅历,将各种思想和信息有效地进行传播。因此,学校在学生的思想教育和管理工作中必将发挥着不可代替的作用。现阶段很多学校,鉴于学生不断增长的网络需求及互联网极强的功能,网络平台逐渐地被建立起来,发挥着不可代替的作用,使工作效率逐渐地被提升上来。

参 考 文 献

[1]陈桂香.基于大数据的高校教育管理研究[M].北京:科学出版社,2018.

[2]芮国星.信息时代高校创业教育体系研究[M].西安:陕西师范大学出版社,2016.

[3]程晓光.大数据时代下高校教育管理信息化创新发展路径[J].黑龙江教育(理论与实践),2017(Z1):53-54.

[4]丛亮.大数据背景下高校信息化教学模式的构建研究[J].中国电化教育,2017(12):98-102,137.

[5]单耀军.大数据背景下高校学生管理信息化研究[J].教育与职业,2014(23):27-29.

[6]卢保娣.大数据时代高校教育管理及其信息化建设[M].长春:吉林大学出版社,2021.

[7]王珠珠.教育信息化2.0:核心要义与实施建议[J].中国远程教育(综合版),2018(7):5-8.

[8]张进宝,梁跃.教育治理现代化语境下教育信息化公共服务体系的重构[J].中国电化教育,2016(4):7-13.

[9]张臣文.云计算在高校教育信息化中的应用研究[J].湖北函授大学学报,2016,29(20):13-14.

[10]岳坤坤.大数据时代高校教育管理创新的探究[J].新疆广播电视大学学报,2017,21(2):60-64.

[11]朱丽丽.基于大数据技术高校教育管理平台的研究[J].当代教育实践与教学研究(电子刊),2017(6):56,55.

[12]姚丹,孙洪波.高校教育信息化管理与学生管理工作[M].北京:中国纺织出版社有限公司,2021.

[13]杨刚.创客教育:我国创新教育发展的新路径[J].中国电化教育,2016(3):8-13,20.

[14]洪雅慧.信息化教学的现状分析及对策研究[D].武汉:华中师范大学,2017.

[15]朱学伟,朱昱,徐小丽.微信支持下的移动学习平台研究与设计[J].中国远程教育,2014(4):77-83.

[16]桂杉杉.信息化环境下高职英语教学现状及应用探析[D].武汉:华中师范大学,2015.

[17]祝智庭,孙妍妍.创客教育:信息技术使能的创新教育实践场[J].中国电化教育,2015(1):14-21.

[18]吕浔倩,刘彬.信息化高职教育教学管理研究[M].西安:西北工业大学出版社,2019.

[19]梁伟雄,沈德海.信息化条件下的基础教育管理与教学[M].广州:世界图书出版广东有限公司,2013.

[20]林榕.大数据背景下高校教育管理信息化发展与创新研究[M].长春:吉林大学出版社,2018.

[21]胡弼成,邓杰.大数据时代的教育变革:挑战、趋势及风险规避[J].教育科学研究,2015(6):29-34.

[22]刘晓筱.高校教育管理信息化的体系建设[J].理论界,2015(7):146-151.

[23]魏伟华.大数据时代高校学生教育管理工作个性化研究[J].中国成人教育,2016(20):60-63.

[24]曾忠毅.大数据时代高校党员教育管理研究[J].南京理工大学学报(社会科学版),2018,31(1):77-82.

[25]王月.大数据时代教育管理模式变革[J].合作经济与科技,2018(7):176-177.